顾问：郭 熙　胡双宝　彭小川　周 健
主编：王汉卫　苏印霞
编者：王汉卫　王丽华　刘海娜　李冬萍
　　　李金秋　李彩凤　苏印霞　林 昀
　　　钟翠芸　王士雷　刘 静
翻译：苏印霞
英文审订：〔美〕Thomas W. Moran IV
插图：刘德辉
版式：张美慧

北大版长期进修汉语教材·中华经典悦读系列

新编
弟子规

The New Enlightenment Verse for Children

王汉卫 苏印霞 主编

课本

北京大学出版社
PEKING UNIVERSITY PRESS

图书在版编目(CIP)数据

新编弟子规/王汉卫,苏印霞主编.—北京:北京大学出版社,2012.6
(北大版长期进修汉语教材·中华经典悦读系列)
ISBN 978-7-301-20633-1

Ⅰ.新… Ⅱ.①王… ②苏… Ⅲ.汉语—对外汉语教学—教材 Ⅳ.H195.4

中国版本图书馆CIP数据核字(2012)第089690号

书　　名：新编弟子规
著作责任者：王汉卫　苏印霞　主编
责 任 编 辑：吕幼筠
标 准 书 号：ISBN 978-7-301-20633-1/H·3051
出 版 发 行：北京大学出版社
地　　　址：北京市海淀区成府路205号　100871
网　　　址：http://www.pup.cn
电　　　话：邮购部 62752015　发行部 62750672　编辑部 62767349　出版部 62754962
电 子 邮 箱：lvyoujun99@yahoo.com.cn
印　刷　者：北京大学印刷厂
经　销　者：新华书店
　　　　　　787毫米×1092毫米　16开本　13印张　250千字
　　　　　　2012年6月第1版　2013年1月第2次印刷
定　　　价：65.00元(全二册,附MP3盘1张)

未经许可,不得以任何方式复制或抄袭本书之部分或全部内容。
版权所有,侵权必究　举报电话:010-62752024
电子邮箱:fd@pup.pku.edu.cn

大成至圣文宣先师

孔 子

（公元前551—479）

目 录

前言 / 1
第一课　　总则 / 1
第二课　　孝（一）——立身之本 / 9
第三课　　孝（二）——人间大爱 / 16
第四课　　悌——兄友弟恭 / 25
第五课　　信——言必有信 / 35
第六课　　慎（一）——举止大方 / 44
第七课　　慎（二）——重人轻物 / 52
第八课　　慎（三）——见贤思齐 / 60
第九课　　慎（四）——闻过则喜 / 67
第十课　　爱（一）——隐恶扬善 / 76
第十一课　爱（二）——将心比心 / 85
第十二课　仁——仁远乎哉 / 92
第十三课　学（一）——敬惜字纸 / 100
第十四课　学（二）——治学有方 / 108
第十五课　学（三）——知行合一 / 116
附录一　　《新编弟子规》全文 / 124
附录二　　《弟子规》原文 / 126
附录三　　重点字字表 / 129
一只小小猫（代后记）/ 132

前 言

- 这是一本汉语(华语)作为非第一语言学习的阅读教材,中国国内的家长也可以选择本书作为孩子启蒙养正的读物。本书是从《弟子规》改编而来,内容上保留了传统文化的精华,形式上也更加清新活泼。
- 适合有一定汉语(华语)基础的学习者,掌握600字左右,是使用本书的起点。
- 中国国内的全日制汉语二语教学,可以从二年级开始,把本书作为每周两节的必修或选修课课本。
- 海外教学机构每周如果只有两节的汉语(华语)学习时间,可以根据学生的程度,将它作为某一个学期的主教材使用。

学习汉语(华语),例如"这是桌子"是一种学法,"这是孔子"也是一种学法。过去以至现在的许多对外汉语教材,在相当程度上把语言学习和文化学习分开了,属于前一种学法。呈现在您眼前的这本书是后一种学法,它把语言和文化紧紧地结合在了一起。下面简要介绍本书的编写宗旨、框架和一些重要数据。

一、为什么选中《弟子规》

之所以选择《弟子规》,而不是更广为人知的《三字经》或者其他种种蒙学读物,是基于以下的考虑:

1.《弟子规》原名《训蒙文》,它所体现的观念文化是以《论语·学而》"弟子入则孝,出则悌,谨而信,泛爱众,而亲仁,行有余力,则以学文"为纲,具体阐述儿童在家、出外、待人、接物与学习上应该恪守的规范。可以说,儒家思想的精华,在这部短短的《弟子规》里得到了一个完整的体现。《弟子规》不仅是教育儿童启蒙养正的好读物,即便是成人读来,也会醍醐灌顶。

2.《弟子规》用字较少,引用典故较少,相应地,学习难度也较小。

3.《弟子规》成书较晚,虽是三字为句,语言相对浅易,容易理解。

二、为什么改编《弟子规》

以下两点不仅决定了教材编写必须要对《弟子规》进行改编,甚至也明确了怎样改编。

1.《弟子规》所在的时代是过去的,而学习者却是现代的。

2. 本书的设计对象是二语学习者。

改编后的《弟子规》应该既是传统的,也是现代的;既是中国的,也是世界的;既是传承文化的,也是语言学习的。内容上删除封建的、陈旧的观念,或过于严苛的行为要求,同时尽可能多地保持中华传统文化的厚重和魅力,例如下列文化观念:孝、敬、谨、信、仁、义、和、善、勤、俭等。我们深信,这些观念不仅仅属于传统,也不仅仅属于中国。形式上换用更简单的字、更接近现代汉语语感的表述方式,使其更容易理解,容易学习。

三、全书框架及主要数据

(一)关于主课本

1. 框架

按照原《弟子规》的框架删改后,全书分为15课。第一课是总则,其后14课,每3字为一句,每16句为一课完整的主课文。以主课文为核心,每课的结构如下:

- ◆ **课文导读**:简要说明本课的主要内容或提出相关话题,以导入新课。
- ◆ **导读译意**:为了使学习者流畅清晰地进入学习,导读配英文译意。
- ◆ **温故篇**:温习前两课的主课文。
- ◆ **知新篇**:当课主课文。
- ◆ **白话译文**:以现代汉语的方式重新表述主课文。
- ◆ **英语译意**:用英语翻译白话译文。
- ◆ **字、词、句**:从当课主课文中选出较难或较多文化价值的字,为其配置解说、组词、及例句扩展。字、词、句的讲解语言采用最简单的汉语,默认的用字量为800个甲级字(最常用字),超出的字词随文配拼音和翻译。本书"字"的讲解、例词例句的编配不限于满足基本意思和用法,而是承载大量的文化内容。可以说,本书以主课文的"字"为起点,编织了一幅中华文化的美丽画卷。从人文思想到风俗习惯,从圣贤人物到风光景物,中华文化之精华,多有涉及。

◆ **补充阅读**:基本上每课配一个历史故事,这些故事具备三个属性:源自中华经典故事,紧扣当课主课文的主题,文字难度严格控制。

2. **数据**

◆ **用字**:《新编弟子规》全书总字数22365,全书总字种1391。平均每字复现15次。其中,改编后的《弟子规》全文字数707字,字种337个,其他部分字数21658字,字种1391个,其中1054个是新增字种。字种分级如下表:

	甲级	乙级	丙级	丁级	级外	合计
《新编弟子规》用字	209	72	30	19	7	337
其他部分新增用字	462	328	127	87	50	1054
合计	671	400	157	106	57	1391

从上面的数据可以看出,本书在用字方面有严格的控制。甲、乙级字占77%,甲乙级之外的字只占23%,级外字大多是无法回避的人名地名用字。

◆ **标注**:本书的标注原则如下:为了诵读的方便,课文标题及主课文(知新篇)全部注音。其他部分的注音原则是主课文以外的字,按汉字大纲分级,甲级字不注音,甲级以外的字以及由该字构成的词第一次出现时注音并配翻译,由下画线明确翻译的对象。这样,671个甲级字(特别是其中的462字)可以说是本书的严格起点,使用者应具备相应的汉语水平。

◆ **其他数据**:除了改编后的《弟子规》极具背诵价值外,主课本还编入了值得背诵的经典语句60余句,长短故事30余则,历史人物28个,介绍简单而又美妙的古诗5首及有趣的古字形27个。另外,本书还配有极具文化内涵的精彩插图102幅,练习册配有文化插图35幅,合计137幅。

（二）关于练习册

本书练习册尽量求简，也尽量求有效。除了一些随机题型，练习册的构成主要有四个部分：

- ◆ 文化复习：结合主课文和经典语句的填字背诵题。
- ◆ 汉字复习：列举当课新出现的难字，供学习者复习、辨识。
- ◆ 词汇复习：针对当课出现的词汇，有选词填空和组词两个题型。
- ◆ 阅读扩展：配当课相关内容的延伸阅读，富有趣味性和文化性。

四、重申使用建议

本书适合具有初级或更高汉语水平的青少年或成年学习者使用。不过使用的方法各不相同，简言之，既可以把它当成一本语言和文化同时学习的书，也可以把它当成一本享受阅读快乐的书。了解中华文化，本书是一个很好的窗口。

王汉卫

2011年6月30日

第一课　总则(zǒngzé)

课文导读(Text Introduction)

本课的"总则"(general principles)，是弟子规内容的<u>概括</u>(gàikuò/summary)。<u>按照</u>(ànzhào/according to)这些教导，人人都能成为好人、可爱的人、有用的人。

导读译意(Introduction Translation)

This lesson teaches the general principles, the main theme of the whole book. Everyone can become kind, lovable and useful if he acts on these principles.

知新篇（*The New Text*）

<pre>
dì zǐ guī   shèng rén xùn   yī xiào tì   èr jǐn xìn
弟 子 规   圣 人 训   一 孝 悌   二 谨 信
sān ài zhòng   sì qīn rén   yǒu yú lì   yào xué wén
三 爱 众   四 亲 仁   有 余 力   要 学 文
</pre>

白话译文（Modern Chinese Translation）

圣人孔(kǒng)子告诉我们，作为子女，应该遵守(zūnshǒu/abide by)下面的规矩(guīju/rules)：第一，孝敬父母、友爱兄弟(xiōngdì/brothers)；第二，说话做事，严谨(yánjǐn/rigorous)守信；第三，关心所有的人；第四，亲近仁爱的人；最后，要用剩余的精力去学习文化知识。

英语译意（English Translation）

Confucius, the Sage, told us that as sons and daughters, we should abide by the following principles: first, be dutiful to parents and friendly to siblings; second, be rigorous and honest with our deeds and words; third, care for all people; fourth, approach kindhearted people; finally, we should acquire knowledge.

字词句（Chinese Characters, Words and Sentences）

❶ 规
义 中国有句老话：没有规矩不成方圆。"规"是圆规（compasses），"矩"是尺子（chǐzi/ruler）。只有接受（jiēshòu/accept）一定的规矩，改掉不好的习惯，才能成为有用的人。
词 规定、规则、规矩
句 俗话（súhuà/old saying）说：老老实实做事，规规矩矩做人。

❷ 圣
义 非常非常了不起的人叫做"圣人"。孔子是中国的文圣人，关公是中国的武（wǔ/martial）圣人。

关公（？—220）

❸ 训

- 义 上对下的教导,例如老师对学生、父母对子女的教导。
- 词 教训、训诫(xùnjiè/admonish)、家训
- 句 中国古代(gǔdài/ancient times)有些《家训》非常有名,等你的汉语水平高了,最好看一看。

❹ 孝

- 义 "孝"字上面是"老",指父母;下面是"子",指孩子。父母在上、子女在下,意思是子女要对父母恭敬(gōngjìng/respectful)。
- 词 孝敬、孝顺(xiàoshùn/dutiful; to show filial obedience)、孝心、孝子
- 句 在中华(huá)文化里,做人最重要的规矩就是孝敬老人。下面的图画是一个皇帝(huángdì/emperor)孝敬母亲的故事。

文帝孝母

❺ 悌
- 义 哥哥姐姐关心弟弟妹妹,弟弟妹妹敬爱(jìng'ài/respect)哥哥姐姐。

❻ 谨
- 义 说话做事很小心,认真、细心。
- 词 谨慎(jǐnshèn/cautious)≈严谨≈认真≈细心≈小心
- 句 俗话说:"近朱(zhū/cinnabar)者赤(chì/red),近墨(mò/ink)者黑。"交朋友要谨慎啊!

❼ 信
- 义 左边是"人",右边是"言",意思是不能说假话。
- 词 信用、信任≈相信、可信
- 句 诚信(chéngxìn/credibility)是做人的根本,想要得到别人的信任,自己必须讲信用。

❽ 爱
- 义 爱字原来写做"愛",有"心",意思是要用"心"去爱。

❾ 众
- 义 三个"人"加起来,意思是很多人。
- 猜一猜 "森(sēn)"和"鑫(xīn)",猜(cāi/guess)得出它们的意思吗?(答案见练习册)

❿ 仁
- 义 两(二)个人(亻)在一起,要互相善待(hùxiāng shàndài/be kind and helpful to each other),这就是"仁"。
- 词 仁爱、仁义、仁慈(réncí/benevolent; merciful)

11 余 ≈ 剩

义 save; be left | 中华文化里，"余"是一个重要的字。比如今天挣（zhèng/earn）100块钱，花50块，剩50块，慢慢积累（jīlěi/accumulate），钱越（yuè）来越（increasingly）多，生活越来越好。所以中国的年画上常常会出现鱼，表示"年年有余（餘）"。

词 剩余、余下

句 老子说："天之道，损（sǔn/decrease）有余而补（bǔ/compensate）不足。"我们有余了，要帮助不足的人，这才符合（fúhé/accord with）天之道啊。

老子（前575—?）

补充阅读（Supplementary Reading）

无①题

世上万千事，

文章教我们，

做人第一等②，

读书可立身③。

〔注〕① 无(wú)：没有。

② 第一等：最重要的。

③ 立身：安身，生存（shēngcún/make a living;survive）。

第二课　孝(xiào)(一)
——立身之本(lìshēn zhī běn)

课文导读(Text Introduction)

"孝"是立身之本，也是中华文化里最重要的一个字。一个人如果连父母都不爱，他还能爱谁呢？这样的人，你愿意跟他做朋友吗？

导读译意(Introduction Translation)

Being dutiful to parents is the fundamental principle for a person, and is also a significant concept in Chinese culture. If one does not even love his parents, then who will he love? Do you want to make friends with such a person?

温故篇（The Last Text）

弟子规　圣人训　一孝悌　二谨信
三爱众　四亲仁　有余力　要学文

知新篇（The New Text）

　fù mǔ hū　　　yìng wù huǎn　　　fù mǔ mìng　　　xíng wù lǎn
　父母呼　　　应勿缓　　　父母命　　　行勿懒

　fù mǔ jiào　　　jì xīn zhōng　　　fù mǔ zé　　　xū jìng tīng
　父母教　　　记心中　　　父母责　　　须敬听

　dōng zé wēn　　　xià zé qīng　　　chén zé xǐng　　　hūn zé dìng
　冬则温　　　夏则清　　　晨则省　　　昏则定

　chū bì gào　　　fǎn bì miàn　　　jū yǒu cháng　　　yè wú biàn
　出必告　　　返必面　　　居有常　　　业无变

白话译文(Modern Chinese Translation)

父母叫我们,马上要回答;父母让我们做事,也要马上去做。

父母的教导,我们要记在心里;父母责备(zébèi/blame)我们的时候,也要恭敬地听一听。

要关心父母,冬天让他们温暖,夏天让他们清凉,早晨和晚上都要向父母请安问好。

出门、回家的时候,都要跟父母见个面、问个好。住在哪里,做什么工作,都不要经常变来变去。这样好让父母放心。

英语译意(English Translation)

When parents call us, answer them right away; when they ask us to do something, act quickly.

Keep in mind parents' teachings. Listen carefully to their criticism as well.

Take good care of parents. Keep them warm in winter and cool in summer. Greet them in the morning and evening.

See parents in person before we go out and after we come back home. Do not often change dwelling and job, so that parents will not worry about us.

字词句（Chinese Characters, Words and Sentences）

❶ 呼←→应

义 "呼"和"应"是一对反义词，呼叫和回答，合起来就是"呼应"，也常常说"一呼一应"。

❷ 懒←→勤(qín)

词 懒 ≈ 惰(duò) ≈ 懒惰(lazy)、勤 ≈ 勤奋(fèn) ≈ 勤恳(kěn)

句 俗话说："懒人懒病，无药可医。"相反，"勤能补拙"，只要勤奋，哪怕自己有点拙(zhuō/stupid)，也能补回来。

❸ 教

义 左边是"孝"，意思是教人懂得"孝"道。

词 教育、教学、教师、宗教(zōngjiào/religion)

句 华人的传统(chuántǒng/tradition)非常重视孩子的教育，把教育当成家里最重要的事。《三字经》上说："养(yǎng/raise)不教，父之过；教不严，师之惰。"就是说，养孩子而不好好教育他，那是父亲的过错；教育学生而不严格(yángé/strict)，这样的老师也太懒惰了。

多音 教(jiāo)：teach; instruct。

❹ 记←→忘

义 "记"左边是"讠"，右边是"己"，意思是自己说过的话自己要记住。"忘"上面是"亡(wáng，没有)"，下面是"心"，意思是不用心就记不住，就会"忘"。

词 忘记、牢记(láojì/keep firmly in mind)

句 我们应该记住别人的好，忘掉别人的不好。

❺ 责

义 父母责备我们，是为了我们能改正错误，改正错误就是对自己、对别人负责(fùzé/be responsible for)。

词 责备、负责、责任

句 俗话说："责人之心责己，恕（shù/forgive）己之心恕人。"

❻ 清≈凉≈清凉

义 ① cool and refreshing ② clear｜"青"旁常用字有很多，例如：请、情、晴；睛、精、静。

词 清水、清风、清白（clean; stainless）、清淡（qīngdàn/light; mild）

句 明朝（the Ming Dynasty）的时候有个人做官（guān/government official）非常清白。有一次，他去见一个大官，朋友问他有没有带什么礼物，他举起两只袖子（xiùzi/sleeve），笑着说："有啊，我带了两袖清风。"从此（cóngcǐ/from then on），"两袖清风"这个成语便流传（spread）下来。

❼ 晨←→昏

义 "早、晨"太阳升（shēng/rise）起来，"日"在上面；"昏"是太阳落（luò/set down）下去的时候，"日"在下面。怎么样，有趣（yǒuqù/interesting）吗？

句 《三字经》上说："犬（quǎn）守夜，鸡司（sī）晨。苟（gǒu）不学，曷（hé）为人。蚕（cán/silkworm）吐丝（tǔsī/spin silk），蜂（fēng/bee）酿蜜（niàngmì/make honey）。人不学，不如物。"这几句话的意思是：狗（gǒu/dog）夜里可以看门，公鸡可以告诉人们天亮了，蚕可以吐丝，蜂可以酿蜜。人如果不学习，还真没什么用。连动物都不如，怎么做人呢？

❽ 省≈定

义 "省"有"目"，意思是看望。"定"是不动、停下来。这里是早晚问安的意思。

词 自省≈反省；安定≈稳定（wěndìng/steady）、固定（gùdìng/fixed; regular）

句 听说儿子得到了一个稳定的工作，妈妈的心里才安定了下来。

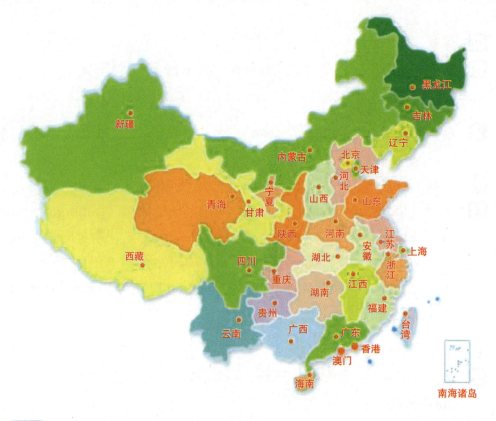

多音 省(shěng)：province。中国有34个省、市、自治区(zìzhìqū/ autonomous region)，例如广东、福建、台湾(Táiwān)、上海、西藏(zàng)。如果你是华人，你知道自己的祖先(zǔxiān/ ancestor)是中国哪个地方的吗？

⑨ 返

义 "辶"是走路，"反"着走就是往回走。

句 "迷途知返"的意思是走错了路知道返回来就好。就是说我们做错了事要知道改正，不要越走越远，越错越深。

⑩ 居 ≈ 住

句 俗话说："居安思危。"安全的时候要想到危险，这样才能永远安全。

⑪ 常

义 这里的"常"不是"常常"、"经常"，而是"稳定"、"不变"的意思。

补充阅读（Supplementary Reading）

黄香温席

黄香是汉朝(Han Dynasty)人，他九岁的时候，就非常孝敬父母。后来，妈妈生病去世了，他对父亲更加孝敬。

有一年冬天，天气特别寒冷。可是黄香每天晚上还是学习到很晚才睡觉。有一天，父亲让他早点睡，他却(què/whereas)睡进父亲的被子里。父亲问："你为什么睡爸爸的床呢？"黄香说："我先给爸爸暖暖被子，这样您睡下的时候才不会感觉太冷。"

夏天到了，天气又热，蚊子(wénzi/mosquito)又多。到了晚上，大家都在院子里乘凉(chéngliáng/relax in a cool place)，可是黄香却在屋子里不出来。父亲说："黄香啊，你在屋子里做什么呢？"黄香说："我把蚊子赶(gǎn/drive away)出去，把枕席(zhěnxí/a mat used to cover a pillow)扇(shān/fan)一扇也会凉一些。爸爸忙了一天，我想让爸爸睡得舒服些。"

（据《二十四孝》）

第三课 孝(xiào)(三)
——人间大爱(rénjiān dà'ài)

 课文导读(Text Introduction)

"母年一百岁,常忧八十儿。"父母担心(dānxīn/worry about; care about)的不仅(bùjǐn/not only)是孩子的身体,还有他们的做人。反过来,如果父母犯(fàn/commit; make)了错误,我们应该怎样对待他们呢?父母老了、病了,我们又该如何对待他们呢?

 导读译意(Introduction Translation)

There is a saying "A one-hundred-year-old mother still cares about her eighty-year-old child". What parents care about is not only children's health, but morality. However, what should children do if parents make mistakes? What should children do if parents are getting old or sick?

温故篇（The Last Two Texts）

弟子规 圣人训 一孝悌 二谨信 三爱众 四亲仁 有余力 要学文
父母呼 应勿缓 父母命 行勿懒 父母教 记心中 父母责 须敬听
冬则温 夏则清 晨则省 昏则定 出必告 返必面 居有常 业无变

知新篇（The New Text）

| shēn yǒu shāng | ràng qīn yōu | dé yǒu shāng | shǐ qīn xiū |
| 身有伤 | 让亲忧 | 德有伤 | 使亲羞 |

| qīn yǒu jí | wǒ xīn yōu | péi zuǒ yòu | zhào gù zhōu |
| 亲有疾 | 我心忧 | 陪左右 | 照顾周 |

| qīn yǒu guò | quàn shǐ gēng | hé wǒ sè | róu wǒ shēng |
| 亲有过 | 劝使更 | 和我色 | 柔我声 |

| qīn ài wǒ | xiào hé nán | qīn wù wǒ | xiào cái xián |
| 亲爱我 | 孝何难 | 亲恶我 | 孝才贤 |

白话译文(Modern Chinese Translation)

如果我们的身体受了伤,父母亲会为我们担心;但如果我们的品行(pǐnxíng/moral)不好,父母会觉得羞愧(xiūkuì/ashamed)、没脸见人。

父母生病了,我们也要为他们担心,要陪在父母身边,好好儿地、周到地照顾他们。

父母有过错,要劝他们改正,但是应该注意说话方式(fāngshì/mode),脸色要好看,声音也要柔和。

父母喜爱我们,做到孝并不(bìngbù/by no means)难;父母不喜爱我们,可我们还能做到孝,那才叫好。

 英语译意(English Translation)

If we are injured, parents will worry about our health. But if we are morally wrong, parents will feel ashamed of us.

When they are sick, we should care about their health. We must accompany them and take good care of them.

When they have made mistakes, we should persuade parents to put them right. But be careful with our manners: be sure to look mild and sound gentle.

It is not difficult to be dutiful if parents love us. It is really admirable that we are still dutiful when they dislike us.

字词句（Chinese Characters, Words and Sentences）

❶ 伤
义 wound; injury｜"伤"跟"人（亻）"、跟"力"有关。不管（bùguǎn/no matter）是自己太用力，还是受到太大的外力，都会受伤。
词 忧伤≈伤心≈伤感、伤悲（shāngbēi/sad）、伤疤（shāngbā/scar）、受伤
句 ★"好了伤疤忘了疼"的意思是没有记性（jìxing/memory），又犯了以前的错误。
★"少壮（shàozhuàng/young and strong）不努力，老大徒（tú/in vain）伤悲。"这句话的意思就是年轻的时候不努力，等老了的时候只能空悲伤了。

❷ 忧
词 担忧（worry about）、忧伤（distressed; sad）、忧心
句 如果我们应该回家的时候还没有回家，父母会非常担忧。

❸ 德
词 品德≈道德≈德行（moral）
句 孔子说："德不孤，必有邻（lín/neighbor）。"意思是有品德的人肯定不会孤独（gūdú/lonely），一定会有朋友。

❹ 羞
义 "羞"的下面是"丑（chǒu/ugly）"，因为觉得自己"丑"而不好意思，就是"羞"。
词 害羞（hàixiū/be shy）、羞耻（xiūchǐ/sense of shame）
句 ★孔子说："知耻近乎（hū）勇。"意思是知道羞耻就接近勇敢（yǒnggǎn/brave）了——就能够勇敢地改正自己的错误。
★瞧（qiáo/look）这个小姑娘害羞的样子，多可爱！

第三课
孝（二）

❺ 疾

义 小病。现在"疾"、"病"合在一起表示各种病。"疒"（病字旁）的字都跟伤病有关系。再例如：疼≈痛（pain; ache）、疤、疯（fēng/mad; insane）、疗（liáo/cure）。

句 俗话说："良药苦口利于病，忠言逆耳利于行。"良（liáng）：好。于（yú）：对于。忠（zhōng）：honest。逆耳（ěr）：be unpleasant to the ear。好药吃起来很苦，但对治病有好处。实话听起来难听，但对品行有好处。

❻ 陪

义 accompany｜比较"倍（double; twice as much）"。怎样记住"陪"和"倍"呢？你看，"陪"的左边像不像P（ei）？

词 陪伴≈陪同

句 好像我们小时候离不开妈妈，人老了有儿女陪在身边才安心。

❼ 顾

义 ①回头看。因为关心，因为不放心，所以回头看。②所以"顾"有关心、帮助的意思。③回头再来。

词 照顾（look after）、回顾（look back on）、顾客（customer）、光顾（guānggù/patronize）

句 《老学究语》上说："你照顾他，他有二天。"如果别人得到了你的照顾，他就像是有了两个"老天爷"在关心他。如果人人都互相关心、互相帮助，那该多好啊！

❽ 劝

义 左边是"又"，右边是"力"，这个字告诉我们，劝说（persuade）别人不容易，要一遍"又"一遍地努"力"。

词 劝说≈劝告

句 俗话说："不听老人言，吃亏在眼前。"年轻人经验少，不听老年人的劝告容易吃亏（chīkuī/suffer losses）。

❾ 更

[词] 更改 ≈ 变更、更正（correct）

[句] 春节的时候，中国人喜欢用"万象（wànxiàng/all things）更新"这几个字，用舞龙灯等活动来迎接更美好（měihǎo/fabulous）的一年。

[多音] 更（gèng）：more。

[猜一猜] 上面句子中的两个"更"分别怎样读？（答案见练习册）

❿ 色

[义] "色"最常用的意思是"颜色 ≈ 色彩"。课文中的意思是"脸色 ≈ 气色（complexion）"，另外（lìngwài/in addition）还有"女色 ≈ 美色（woman's beauty）"的意思。

[句] 在中华传统文化里，红色、黄色代表喜庆、兴旺（xīngwàng/prosperous）、尊贵（honorable; respectable）等，白色、黑色则常常跟死、悲伤有关系。

⑪ 柔←→刚

词　柔和≈温柔（tender and gentle）、柔软（róngruǎn/soft）

句　太极拳（quán）的拳法是以柔克（kè/restrain; defeat）刚。生活也是这样，人和人相处，"柔"是大智慧（zhìhuì/wisdom）。

⑫ 恶

义　不喜欢。

词　厌恶（yànwù/be disgusted with）、可恶（hateful）

句　心眼小的人会厌恶这个厌恶那个，觉得别人都可恶，心胸宽广（xīnxiōng kuāngguǎng/broad-minded）的人就不会这样想。

多音　恶（è）：坏，不好。

⑬ 贤

义　好，好人。"贤"下面是"贝（bèi）"，跟财（cái/wealth）有关。本义是多财并且能助人为乐。

词 贤良≈贤能≈贤明、贤才≈贤人、贤惠(huì,女子有好的品德)
句 "弟子不必不如师,师不必贤于弟子。"同学们要努力呀!

补充阅读(Supplementary Reading)

捡箩筐

从前,有个孩子叫孙(Sūn)元觉(jué),他从小就十分懂事,可他的父亲对爷爷却非常不孝敬。

有一天,父亲把生病的爷爷放进箩筐(luókuāng/a large bamboo basket),要扔(rēng/throw away)到山里去。孙元觉哭着跪倒(guìdǎo/kneel down)在父亲面前,求他不要扔爷爷。父亲哄骗(hǒngpiàn/coax)他说:"爷爷年老了,年老不死会变成妖怪(yāoguài/monster),会吃人的。"小元觉说:"那,我跟您一起去。"父亲说:"你不要去,你去干什么?"元觉说:

"我去捡(jiǎn/pick up)筐子啊,这个筐子以后还有用。"父亲不明白他的意思,元觉说:"等到你老了,我好用它来装你,把你也扔到山里去呀。"父亲一听,吃惊(chījīng/be shocked)得说不出话来。后来,他不但改变了原来的想法,而且对老人非常孝敬。

(据《二十四孝》)

第四课 悌(tì)
——兄友弟恭(xiōngyǒu-dìgōng)

 课文导读(Text Introduction)

你有兄弟姐妹吗？和他们在一起时开心吗？怎样才能让兄弟姐妹和睦(hémù/harmonious)相处，一家人都开开心心、快快乐乐呢？答案(dá'àn/answer)就在这一课中。

 导读译意(Introduction Translation)

Do you have brothers and sisters? Are you happy with them? How should we get along well with them so that the whole family can be joyful? The answer is just in this lesson.

温故篇（The Last Two Texts）

父母呼 应勿缓 父母命 行勿懒 父母教 记心中 父母责 须敬听
冬则温 夏则清 晨则省 昏则定 出必告 返必面 居有常 业无变
身有伤 让亲忧 德有伤 使亲羞 亲有疾 我心忧 陪左右 照顾周
亲有过 劝使更 和我色 柔我声 亲爱我 孝何难 亲恶我 孝才贤

 知新篇（The New Text）

xiōng dào yǒu	dì dào gōng	xiōng dì hé	xiào zài zhōng
兄 道 友	弟 道 恭	兄 弟 和	孝 在 中
cái wù qīng	yuàn hé shēng	yán yǔ rěn	nù zì xiāo
财 物 轻	怨 何 生	言 语 忍	怒 自 消
ruò yǐn shí	ruò zuò zǒu	zhǎng zhě xiān	yòu zhě hòu
若 饮 食	若 坐 走	长 者 先	幼 者 后
dài zhū fù	rú jǐ fù	dài zhū xiōng	rú jǐ xiōng
待 诸 父	如 己 父	待 诸 兄	如 己 兄

白话译文（*Modern Chinese Translation*）

做哥哥的爱护弟弟，做弟弟的敬爱哥哥。兄弟（姐妹）们和睦相处，孝敬父母的心意也就包含在里面了。

不计较财物，哪里会生怨恨（yuànhèn/resent）呢？言语能够包容忍让，愤怒（fènnù/anger）自然就没有了。

吃饭时要请长辈（zhǎngbèi/the elders）先用，走路或者坐下时也都应该礼让长辈。

对待叔叔伯伯（shūshu, bóbo/uncles）等尊长，要如同对待自己的父亲一般；对待同族的兄长，要如同对待自己的兄长一样。

英语译意（*English Translation*）

For brothers and sisters, the elder should take care of the younger; and the younger should respect the elder. Good relationships between siblings mean love of parents.

Without greed for wealth, how can resentment arise? With tolerance for words, anger will disappear naturally.

Give priority to elders when dinning, walking or taking seats.

Treat elders and cousins the same way as we do to our own parents and siblings.

字词句（Chinese Characters, Words and Sentences）

❶ 道

义 "道"在中华文化里非常重要，天地万物等等都有他（它）们的行为<u>规范</u>（guīfàn/criterion），这个规范就是"道"。

词 道路、道理、道义

句 ★《礼记》上说："大道之行也，天下为公。"孙中山（1866—1925）先生最爱"天下为公"这四个字。

★ 老子是<u>道教</u>（Taoism）的<u>创始人</u>（chuàngshǐrén/founder），他说"上善若水"，意思是最高最好的"善"就像水一样，对万物都有好处而不要名利。他的《道德经》跟孔子的《论（lún）语》一样，都是经典。

❷ 恭

义 <u>蒿</u>，"恭"字上的"共"像两只手合起来，下面是"心"，意思是"恭敬"不光是嘴上说说，还要有真心、有行动。

词 恭喜≈<u>恭贺</u>（gōnghè/congratulate）、恭敬≈恭恭敬敬

❸ 和

词 和平、和气、和谐（xié）≈<u>和睦</u>（harmonious）

句 ★孔子说："礼之用，和为贵。""和"在中华文化里是非常重要的一个字。由（yóu）"和"组成的每一个词，几乎都有非常好的<u>含义</u>（hányì/meaning）。除了上面的例词，再例如：好风好雨叫

"和风细雨",好天气叫"风和日丽(lì)",做生意别忘了"和气生财",过日子(live a life)别忘了"家和万事兴"。

★ 中国人自古就喜欢"和"。为了不跟人家打仗(dǎzhàng/fight),用万里长城(the Great Wall)把自己包起来。这道墙的意思就是:我不去打你,你也不要来打我哦(ō)。汉朝的美女昭君(Zhāojūn)、唐(Táng)朝的文成公主(Wencheng princess),千里迢(tiáo)迢(很远的意思)远嫁(jià/marry)他乡(tāxiāng/an alien land),也都是为了一个"和"字。呼和浩(hào)特市有昭君墓(mù/tomb),拉萨(Lāsà)的布达拉宫(Bùdálāgōng/the Potala palace)最初是文成公主的丈夫(zhàngfu/husband)送给她的礼物。

① 长城

② 拉萨·布达拉宫

③ 呼和浩特·昭君墓

❹ 财

义 钱和物。

词 <u>财富</u>（wealth; fortune）、<u>发财</u>

句 <u>东汉</u>（the Eastern Han Dynasty）杨震（Yáng Zhèn）是有名的清官，有人晚上给他送礼，杨震请他拿走。送礼的人说："大人请收下吧，没人知道。"杨震说："天知、地知、你知、我知，怎能说没人知道呢？"送礼的人说："大人不爱财吗？"杨震回答说："<u>君子</u>（gentlemen）爱财，<u>取之有道</u>（get it in a reasonable way）。"

❺ 怨

词 怨恨 ≈ <u>埋怨</u>（mányuàn/complain; blame）、<u>怨天尤人</u>（yuàntiān-yóurén/blame all but oneself）

句 如果事情不<u>成功</u>（chénggōng/succeed），也不能埋怨别人，要从自己身上找原因。如果互相<u>指责</u>（criticize），不但没有用，还会伤感情。

❻ 忍

义 看这个"忍"字，可以说是"'忍'字心头一把刀"。刀<u>刃</u>（rèn/blade）放在心头上，难受吧？就算这样，也要hold，这就是"忍"了。"忍"是华人的处世之道，常说"能忍自安"。

词 忍让、忍心、忍得住 / 忍不住

句 孔子说："温、良、恭、<u>俭</u>（jiǎn/thrifty）、让。"学了"忍"，还要说说"让"，因为这两个字常常连在一起——忍让。下面是一个"让"的故事。

　　清朝的时候，张、吴（wú）两家本是好邻居，却为院墙<u>争</u>（zhēng/scramble）了起来，两家互不相让，都说对方占了自己的地。于是张家人给在<u>京城</u>（jīngchéng/the capital）做大官的儿子写信，说吴家人不讲道理等等。张家儿子看到家里的来信，笑了笑，写了一首<u>诗</u>（shī/poem）请人带回去：

> 一纸书来只为墙,让他三尺又何妨。
> 长城万里今犹在,不见当年秦始皇。

注释:①书:信。②尺:1米=3尺。③何妨(fáng):不要紧,没关系。④犹(yóu):还。⑤秦(Qín)始皇:中国的第一个皇帝,修建(xiūjiàn/build)了万里长城。

张家人看了信后,就主动后退三尺。吴家见张家礼让三尺,非常感动,也后退三尺。于是就有了今天的"六尺巷(xiàng)"。

安徽(huī)桐(tóng)城·六尺巷

❼ 怒

义 非常生气。"怒"上面是"奴",下面是"心",意思是说如果发怒,那就是自己的心的奴隶(núlì/slave)了。

字形 "怨"、"忍"、"怒"三个字看起来差不多,读一读下面这句话:虽然我天天埋怨他,但他忍着不发怒。

❽ 消

词 消失(xiāoshī/disappear)、消亡(extinct; die out)、消瘦(xiāoshòu/emaciate)

句 俗话说:"借酒消愁(chóu/distress)愁更愁。"心情不好时,找朋友聊一聊(liáoyiliáo/have a chat),比借酒消愁好得多。

❾ 先←→后

词 先前、先后、先人、祖先≈先祖

句 ★清明节(Qingming festival)是纪念(commemorate)祖先的节日。

❿ 幼

义 年纪小的,长(zhǎng)←→幼,年长←→年幼。

词 胎(tāi)儿(还没出生)→婴(yīng)儿(1岁左右)→幼儿(4岁左右)→少儿(8岁左右)→少年(10—18岁)→青年(18—30岁)→

中年（30—60岁）→老年（60岁以上）

⑪ 待

义 如果只有一个人（亻），那就没有"待"了。"待"告诉我们：只要有两个人（彳），就有了互相对待（treat; deal with）。你待人好，人也会待你好。

词 对待、等待

句 "严于律己（yányúlǜjǐ/be strict with oneself），宽以待人（be lenient with others）"，这句话的意思就是对待自己要严一点，对待别人要宽一点。

多音 待（dāi）：stay。如：待一会儿，待一天。

⑫ 诸

义 all; every｜常用于人，例如"诸位"、"诸位××"，是礼貌（lǐmào/polite）用语。

补充阅读（Supplementary Reading）

茉莉花茶

中国人爱喝茶，茉莉（mòlì/jasmine）花茶是一种有名的茶叶（cháyè/tea-leaves），它是怎么来的呢？这里面有一个故事。

茉莉有"人间第一香"的美名，原名叫"mòní"。从前苏州（Sūzhōu）有三兄弟，他们在南山种了mòní、北山种了茶树。后来mòní花儿开了，风把mòní花的清香（scent）吹到北山的茶树上，茶叶也跟着变香了。这事被老大第一个发现，他悄悄（qiāoqiāo/

quietly）把茶叶摘（zhāi/pick）下来，拿到市场上卖了个好价钱（jiàqián/price）。

老二老三听说后都觉得卖茶叶的钱应该归（guī/belong to）自己，于是三兄弟吵闹（chǎonào/wrangle）起来。最后，他们闹到一个教书先生那里。先生听了，笑笑说："mòní花香茶叶贵，本是好事，但为'利（profit）'而伤了兄弟情，不值得（zhídé/be worth）。我看mòní应该叫'末利'，把'利'放在最末（mò/last; end）才好啊！"

兄弟三人听了先生的话，从此和睦相处，再不吵闹。大家也更喜欢"末利花茶"了。后人觉得"末利"既（jì/since）是花草，就加了草字头，写成"茉莉"。

《据 http://zhidao.baidu.com/question/53425179.html》

第五课　信(xìn)
——言必有信(yán bì yǒu xìn)

课文导读（Text Introduction）

"一言出口"、"一言九鼎(dǐng)"（"鼎"是古代很贵重的东西）、"一诺(promise)千金(jīn)"，说的都是一个"信"字。这一课我们学习"信"的准则和故事。

导读译意（Introduction Translation）

The following idioms "一言出口"（once a promise is made）"一言九鼎"（a promise is of great significance）and "一诺千金"（a promise is as valuable as a large amount of gold）are all about the significance of honesty. In this lesson we will learn the principles of honesty and related stories.

温故篇（The Last Two Texts）

身有伤 让亲忧 德有伤 使亲羞 亲有疾 我心忧 陪左右 照顾周
亲有过 劝使更 和我色 柔我声 亲爱我 孝何难 亲恶我 孝才贤
兄道友 弟道恭 兄弟和 孝在中 财物轻 怨何生 言语忍 怒自消
若饮食 若坐走 长者先 幼者后 待诸父 如己父 待诸兄 如己兄

 知新篇（The New Text）

fán chū yán　　xìn wéi xiān　　zhà yǔ wàng　　xī kě yān
凡出言　　　信为先　　　诈与妄　　　奚可焉

huà shuō duō　　bù rú shǎo　　yǔ qí biàn　　bù rú mò
话说多　　　不如少　　　与其辩　　　不如默

jiàn wèi zhēn　　wù qīng yán　　zhī wèi què　　wù qīng chuán
见未真　　　勿轻言　　　知未确　　　勿轻传

shì fēi yí　　wù qīng nuò　　rú qīng nuò　　jìn tuì cuò
事非宜　　　勿轻诺　　　如轻诺　　　进退错

白话译文（Modern Chinese Translation）

说话要讲求信用，怎么可以撒谎(sāhuǎng/tell lies)或者乱说话呢？

话多不如话少，与其跟人争辩(zhēngbiàn/argue)，不如沉默(chénmò/silent)一点。

看见或者听说了什么事，如果不能确定，就不要随便(suíbiàn/carelessly)说出去。

不要轻易许诺别人本不应该答应的事，这样的话，进退两难：做，是错；不做，也是错。

英语译意（English Translation）

Be honest and serious with what we say. How can we tell lies or make careless remarks?

It is better to speak less. Keep silent rather than arguing with others.

Do not spread what we see or hear if we are not sure about it.

Do not make careless promises. We may put ourselves into a dilemma: it is wrong no matter we keep it or not.

字词句(Chinese Characters, Words and Sentences)

❶ 凡
- 义 ① every ② ordinary
- 词 凡事、凡人、平凡←→伟大
- 句 世界是平凡的,但在这个平凡的世界上,有许多不平凡的人、不平凡的事。

❷ 诈
- 义 欺骗(qīpiàn/cheat)人。
- 词 诈骗≈欺诈

❸ 妄
- 义 absurd | 在课文里是随便乱说的意思,就是"妄言"。
- 词 狂妄(kuángwàng/wildly arrogant)、妄言、妄想、妄为

❹ 辩
- 义 argue; debate
- 词 辩论(debate)、辩解≈争辩(argue that ...)
- 句 在中华文化里,为人处事,不"辩"常常更好,这就叫:"与其辩,不如默。"

❺ 默
- 词 沉默(silent)、默写(write from memory)、沉思默想(meditate)、默默无闻(unknown)
- 句 从前有一个国家给中国送来了三个金人。使者(emissary)说:"请问这三个金人哪一个最好?"这可是一个难题,因为三个金人看起来完全一样。第二天,一个老大臣(dàchén/minister)拿了三

颗（kē）豆子（dòuzi/bean），分别放进三个金人的耳朵（ěrduo/ear）里。第一个金人的豆子左耳进、右耳出，第二个金人的豆子从嘴巴（zuǐba/mouth）里出来，第三个金人的豆子落进肚子（dùzi/stomach）里。老大臣说："第三个金人最好。"使者点头称（chēng/claim）是。

猜一猜 你明白其中的道理了吗？如果明白了请填（tián/fill）写下面的成语：_____是金。（答案见练习册）

6 确
义 确切（exact）、确实（true）、确信（firmly believe）、正确、准确、的（dí）确

句 A：真的吗？这个消息（xiāoxi/news）确切吗？
B：的的确确，千真万确，确实如此，起码（qǐmǎ/at least）我确信它是真的。

7 传
义 说出去，让别人知道。
词 传说（it is said; legend）、传言（hearsay）、传染（chuánrǎn/infect）
句 《夸（kuā）父逐（zhú/run after）日》是古代的一个传说。夸父是一个巨人（jùrén/giant），跑起来像飞一样。有一年天气非常热，很多人都热死了。夸父看着正在下落的太阳，就追（zhuī/run after）了上去，他想抓住（zhuāzhù/catch）太阳，让它不要这么热。他越追越近，越近也就越热。夸父觉得非常口渴，就一口气喝完了黄河的水。喝完之后还是渴，就想去北边的大湖里喝水，但还没有走到就渴死了。夸父死后，他手里的杖（zhàng/walking stick）变成了一大片桃林（táolín/peach forest）。从此，人们就有了甜蜜（tiánmì/as sweet as honey）的桃子吃了，不但不会渴死，还会健康长寿（chángshòu/longevity）呢。

多音 传(zhuàn)：自传(autobiography)、传记(biography)
《水浒(hǔ)传》是一本古代中国的英雄(yīngxióng/hero)传记，里面有一百零八个英雄，武松(sōng)就是其中的一个。

8 宜

义 合适(suitable)、应该(should)。"不合适、不应该"就是"不宜"。

词 适宜←→不宜、宜人(pleasant; delightful)

句 中国很多地方风景(fēngjǐng/scenery)优美(yōuměi/beautiful)，气候宜人，或适宜旅游，或适宜居住，或既适宜旅游又适宜居住。例如桂(guì)林、丽江、三亚(yà)、九寨(zhài)沟(gōu)……

①三亚 ②九寨沟 ③丽江 ④桂林

❾ 诺

义 答应别人的要求。

词 诺言、许诺（make a promise）、承诺（chéngnuò/promise to undertake）

句 俗话说："许了人，人想着；许了神，神想着。"意思就是不要轻易许诺别人，一旦（yídàn/once）许诺，就一定要做到。

❿ 进←→退

义 向前←→向后。甲骨文（jiǎgǔwén/oracle bone inscriptions）是 ，上面是一只鸟（niǎo/bird），下面是鸟的脚，谁见过鸟向后退着走呢？所以"进"表示向前走。

词 前进←→后退、进步←→退步、进退两难≈进退维谷（wéi gǔ）（维：只有；谷：valley）

句 "学如逆水行舟（zhōu/boat），不进则退。"学习好像逆着水行船，不前进就后退。

补充阅读（Supplementary Reading）

郭伋亭候

东汉郭伋（Guō Jí）非常诚信，即便（jíbiàn/even if）是对小孩子，也坚守承诺，决不失信（break one's promise）。

有一天，郭伋要出外做事，街上玩儿的孩子们看见他便问："郭爷爷，您去哪里呀？"郭伋说："我要去西河。""我们也要去！郭爷爷，带我们一起去吧！"郭伋笑着说："孩子们，我要去做事情，不能带你们去，我给你们带好吃的回来好不好？""好！"孩子们说。有个孩子问："郭爷爷，您什么时候回来呀？"郭伋算（calculate）了算，说："今天初十，十七回来。"孩子们说："郭爷爷，我们等您！"郭伋说："好的，一言为定！"

事情办得很顺利（smoothly），回来早了一天。走到城外的时候，郭伋对随从（accompany）的人说："你们先回去吧，我在城外过一夜，明天再进城。"随从说："大人，天气太冷了，您身体要紧（important）啊。"郭伋说："我

跟孩子们有约(yuē/agreement)在先,如果今天回去,岂(qǐ)不是(Isn't it that...?)失信于人吗?"随从说:"那只是些孩子啊,大人。"郭伋说:"孩子,就能欺骗吗?"

就这样,他们在城外的亭子(tíngzi/pavilion)里坐了一夜,等到第二天才回城,这就是历史上有名的"郭伋亭候"。

(据《后汉书·郭伋传》)

第五课

信

第六课　慎（shèn）（一）
——举止大方（jǔzhǐ dàfāng）

课文导读（Text Introduction）

前面几课，我们已经学习了对待他人的准则：对父母要"孝"，对兄长要"敬"，对朋友要"信"。在个人言行举止方面，有哪些需要注意的呢？比如：走路、站立的姿势（zīshì/posture）合适吗？穿的衣服得体吗？对食物是不是太挑剔（tiāotī/picky）了呢？带着这些问题来学习这一课。

导读译意（Text Introduction）

In the previous lessons, we have learned how to treat others: be dutiful to parents, be respectful to siblings, and be trustworthy to friends. So, regarding our own behaviors, what aspects should we pay attention to? For example, am I walking or standing in a proper way? Am I suitably dressed? Am I too fussy about food? Let us learn this lesson with these questions.

温故篇(The Last Two Texts)

兄道友 弟道恭 兄弟和 孝在中 财物轻 怨何生 言语忍 忿自消
若饮食 若坐走 长者先 幼者后 待诸父 如己父 待诸兄 如己兄
凡出言 信为先 诈与妄 奚可焉 话说多 不如少 与其辩 不如默
见未真 勿轻言 知未确 勿轻传 事非宜 勿轻诺 如轻诺 进退错

知新篇(The New Text)

| bù cóngróng | lì duānzhèng | yī shēnyuán | bài gōngjìng |
| 步从容 | 立端正 | 揖深圆 | 拜恭敬 |

| yī zhòngjié | bú zhòng huá | xū hé shēn | qiě chèn jiā |
| 衣重洁 | 不重华 | 须合身 | 且称家 |

| duì yǐn shí | wù jiǎn zé | shí shì kě | bú yào duō |
| 对饮食 | 勿拣择 | 食适可 | 不要多 |

| nián jì xiǎo | wù yǐn jiǔ | yǐn jiǔ zuì | zuì wéi chǒu |
| 年纪小 | 勿饮酒 | 饮酒醉 | 最为丑 |

第六课 慎(一)

白话译文(Modern Chinese Translation)

走路脚步要稳,站立姿势要正。作揖要深,跪拜(worship on bent knees)要恭敬。

衣服不一定多么华丽(magnificent),只要干净合身,而且跟自己的家庭情况相称(xiāngchèn/match)就好。

对食物不要挑拣,要吃适当的分量(fènliàng/quantity),不能吃得太多。

年纪小的话,更不该喝酒,喝醉了丑态百出(show all sorts of ugly behaviors),容易有不好的言行。

英语译意(English Translation)

Walk with steady steps, stand with an upright posture. Bowing should be deep and kneeling should be reverent.

Clothes do not need to be magnificent, as long as they are clean, affordable and fit for you.

Do not be fussy about food. Do not eat too much; just have a reasonable amount.

Do not drink when young. Drunkards make silly behaviors and remarks.

字词句(Chinese Characters, Words and Sentences)

❶ 步

义 ,甲骨文是两只脚的图形(túxíng/shape),表示两脚一前一后走路。

词 跑步、步行

句 ★俗话说:人往高处走,水往低处流。就是祝愿大家越来越好,步步登(dēng/ascend)高。但是别太急,太急就会太累了。

★年轻人还是一步一个脚印地努力吧! 别总想一步登天的好事,小心跑太快了要摔倒的。

❷ 从容

义 calm; unhurried|不慌(huāng)、不忙、不怕。

句 ★死,谁不怕呢? 但自古就有从容面对生死的人,因为还有比死更不好的事情。

★毛泽(zé)东主席(Chairman Mao, 1893—1976)诗句:"不管风吹浪打,胜似(superior to)闲庭(quiet, tranquil courtyard or garden)信步(walk in a leisurely and aimless manner)。"这是怎样的一种镇定和从容啊!

❸ 端

义 upright; straight|本来指人站得直、坐得正,也指人的行为好。

词 端正、品行端正(behave oneself well)←→品行不端

句 前面我们学习过"近朱者赤,近墨者黑",所以要跟品行端正的人交朋友,远离那些品行不端的人。

❹ 揖

义 deep bow|以前中国人见面打招呼(dǎ zhāohu/greet)的方式,表示恭敬。

形近 缉(jī: 通缉, wanted by the police)、辑(jí: 编辑, editor)

第六课 慎(一)

❺ 圆

义 round; circle |"圆"代表着完整、周全、团圆、美好。中秋节就是这样一个好日子，一家人团团圆圆，吃着圆圆的月饼（yuèbing/mooncake），看着圆圆的月亮——好幸福啊！

词 团圆、圆满、圆梦（yuánmèng/accomplish a dream）、花好月圆

❻ 拜

义 "拜"是一种礼节（courtesy），表示尊敬。去别人家做客，叫"拜访"；请别人帮忙，叫"拜托（tuō）"；向别人表示感谢，叫"拜谢"；新年到了，向别人祝贺，叫"拜年"；华人的婚礼（hūnlǐ/wedding）传统是"拜天地，拜父母，夫妻（fūqī/husband and wife）对拜"。人生活在天地间，天地给了我们万物，要拜；父母养育儿女长大，要拜；夫妻一起生活，要互相帮助，互相爱护，当然也要互相拜一拜！

拜天地

❼ 重

义 ① value ② heavy｜重←→轻。

词 重视（attach importance to）、重要、重量

句 孟(mèng)子的母亲非常重视教育，为了让孟子有一个好的成长环境（huánjìng/surroundings），她搬了三次家，这就是"孟母三迁（qiān/move）"的故事。

多音 重(chóng)：重复、重叠（chóngdié/overlapping）、重阳节（每年农历九月初九，the Chinese lunar calendar）。因为"九"跟"久"同音，"九九"音同"久久"，意思是"健康长久"，所以，重阳节也叫"老人节"，是敬老的节日。

⑧ 洁

义 tidy; pure

句 在中华文化里,<u>荷花</u>(héhuā/lotus)<u>象征</u>(xiàngzhēng/symbolize)纯洁的品德。

⑨ 拣 ≈ 择 ≈ 挑 ≈ 选（xuǎn）

义 pick up; select

词 挑三拣四 ≈ <u>挑肥</u>(féi)<u>拣瘦</u>（be hypercritical）

补充阅读(Supplementary Reading)

站有站相

汉语中有很多俗语是跟吃饭穿衣、行走坐卧(wò/lie)有关系的。这里我们学习三个：

1. 站有站相，坐有坐相。这个俗语是说有教养(breeding)的人举止应该优雅(yōuyǎ/elegant)大方。相反就是"站没站相，坐没坐相"。

2. 要吃还是家常饭，要穿还是粗(cū/coarse)布衣。就是说在吃饭穿衣上，普(pǔ)普通通(ordinary)、平平常常、干干净净就行了，挑三拣四、挑肥拣瘦不但没必要，还有害处(disadvantage)呢。

3. 八分饱。三国的时候有人写过一篇文章，叫《养生论》。在这篇文章中就说到在饮食上要有节制(jiézhì/be moderate)，如果饮食不节制就会生百病。其实，"八分饱"不仅仅是吃饭的道理，也是华人的处世哲(zhé)学(philosophy of life)啊。

第七课　慎(shèn)(二)
——重人轻物(zhòngrén-qīngwù)

课文导读(Text Introduction)

汉语里形容小气(stingy)的人叫"铁(tiě/iron)公鸡",想一想自己是不是一只铁公鸡呢?比如朋友向你借钱或者借东西,你会不会借给他们?

导读译意(Introduction Translation)

In Chinese, a miserly person is described as an iron rooster. Think about whether you are such an iron rooster or not. If your friend borrows money or things from you, do you lend them willingly?

温故篇（The Last Two Texts）

凡出言 信为先 诈与妄 奚可焉 话说多 不如少 与其辩 不如默
见未真 勿轻言 知未确 勿轻传 事非宜 勿轻诺 如轻诺 进退错
步从容 立端正 揖深圆 拜恭敬 衣重洁 不重华 须合身 且称家
对饮食 勿拣择 食适可 不要多 年纪小 勿饮酒 饮酒醉 最为丑

 知新篇（The New Text）

shì wù máng	máng duō cuò	wù pà nán	wù qīng lüè
事勿忙	忙多错	勿怕难	勿轻略
rén jiè wù	wù xiǎo qì	wù dì èr	rén dì yī
人借物	勿小气	物第二	人第一
jiè rén wù	jí shí huán	hòu yǒu jí	jiè bù nán
借人物	及时还	后有急	借不难
yòng rén wù	xū míng qiú	rú bú wèn	jí wéi tōu
用人物	须明求	如不问	即为偷

第七课 慎（二）

白话译文（Modern Chinese Translation）

做事不要匆忙（cōngmáng/hasty; in a hurry），匆匆忙忙容易出错。不要怕难，也不要不认真对待。

有人向我们借东西，我们不应小气。东西是次要的，朋友之间的友谊才更重要。

借用别人的物品要及时还，以后急用再借的时候，也就不难了。

使用别人的东西，一定要事先请求。如果没有问就拿来用，那就和偷没什么两样了。

英语译意（English Translation）

Do not do anything with haste, for haste may lead to mistakes. Do not be afraid of difficulties, nor to be negligent of them.

Do not be miserly if others want to borrow something from you. Friendship is more important than things.

Return in time what you borrow from others. Only in this way can it be easy to borrow again in case of emergency.

Ask for permission before using belongings of others. If you take it without asking, it is as bad as theft.

字词句（Chinese Characters, Words and Sentences）

❶ 忙←→闲（xián）

义 对比"忘"。"忙"和"忘"都有"心"、都有"亡"。如果匆匆忙忙，就容易忘东忘西。所以即便是事情忙，心里也不能忙。

词 急忙≈匆忙（in a hurry）、繁（fán）忙≈忙碌（mánglù/busy）

句 很多人做梦都想发财，想有了钱之后怎样享受（xiǎngshòu/enjoy）生活；可真有钱了，又会发现大部分时间都得忙于工作，每天忙忙碌碌，根本没有时间享受。你看怎样好呢？有一个词叫"忙里偷闲"，也许这是最好的答案吧。

❷ 怕

义 fear｜"怕"字右边是"白"，意思就是"白白、无用"。所以在遇到困难时，要对自己说："别怕，别怕！"

词 害怕、恐怕（kǒngpà/be afraid）

句 老鼠（lǎoshǔ/mouse）的女儿长大了，鼠妈妈想把女儿嫁给最伟大的人。嫁给谁好呢？鼠妈妈想到了太阳——太阳多伟大呀！于是她找到太阳，要把女儿嫁给他。太阳说："不不不，我怕云。"鼠妈妈找到云，云说："不不不，我怕风……"最后鼠妈妈找到了猫（māo/cat）。听说过《老鼠嫁女儿》吗？这可是一个有趣的故事，你肯定会喜欢的。

❸ 略

词 简略（brief）、忽略（ignore; neglect）

句 有人说，健康是1，其他都是0，有了健康这个1，后面的0才越多越好。忽略了健康这个1，0再多也还是0，都没有意义。让我们一起：我运动！我健康！我快乐！

北京欢迎你

4 气

义 ① 空气（air）。② "精、气、神"三个字常常一起说，都说的是一个人表现出的整体状态（zhuàngtài/state; condition）。

词 骨气（backbone）、气节（integrity）、节气（a day marking one of the 24 divisions of the solar year in the traditional Chinese calendar）

句 ★做人要有骨气、有气节。"君子不食嗟来之食"，是说君子就是饿死也不吃对自己不尊敬的人给的食物。

★一年有二十四个节气，什么时候该做什么事情，什么时候天气有什么变化，农历上都说得清清楚楚。

季节	节气	描述（miáoshù）
春	立春	春天开始了。
	雨水	开始下雨了。
	惊蛰(zhé)	蛰伏（zhéfú/dormant）的小虫（chóng/insect）被惊醒（jīngxǐng/wake up）了。
	春分	白天晚上一样长短。
	清明	空气清朗（qīnglǎng/clean and sunny），阳光明媚（míngmèi/bright and beautiful）。
	谷雨	下了雨，播种五谷。
夏	立夏	夏天开始了。
	小满	小麦（xiǎomài/wheat）开始饱满起来。
	芒(máng)种	收麦种秋，很忙。
	夏至(zhì)	白天达到最长。
	小暑(shǔ)	很热。
	大暑	更热，最热的时候。

季节	节气	描述(miáoshù)
秋	立秋	秋天开始了。
	处暑	"处"就是"出"。
	白露(lù)	开始有露水(dew)。
	秋分	白天晚上一样长短。
	寒露	露水已经很寒冷了。
	霜降(shuāngjiàng)	开始下霜(frost)。
冬	立冬	冬天开始了。
	小雪	开始下雪
	大雪	雪越下越大。
	冬至	夜晚达到最长。
	小寒	很冷。
	大寒	更冷,最冷的时候。

❺ 及

义 ①赶上(be in time for)。②达到(reach)。③和(and)。

词 及时、及早、过犹不及(going beyond the limit is as bad as falling short)

句 ★"过犹不及"说的是事情做得太过,超过(chāoguò/go beyond)了一定的限度(xiàndù/limitation),跟做得不够一样不好。反义词是"恰(qià/just)如其分"、"恰到好处"。

★孟子说:"老吾(wú/my)老以及人之老,幼吾幼以及人之幼。"就是:孝敬自己的老人以及别人的老人,关心自己的孩子以及别人的孩子。

❻ 还

义 ①返回(return)。②还钱(pay one's debt)←→借(borrow)。

词 归还、还手、还债(huánzhài/pay one's debt)

俗话说:好借好还,再借不难。如果借了人家的东西不还,下一次怕就没有人愿意借给你了。

多音 还(hái): still; yet。

7 求

义 ask for; request

词 求知(seek knowledge)、求真 ≈ 求实 ≈ 求是、求生 ≈ 求救(qiújiù/cry for help)

句 ★ 明代的王(Wáng)阳明说:"君子之学,唯(wéi)求其是。"学习就是要求知、求真、求实、求是。

★ 俗话说:"求人不如求己。"我们要学会"自求多福"。

补充阅读(Supplementary Reading)

阮裕焚车

读完本文回答问题：焚(fén)的同义词是_____。(答案见练习册)

古时候有个人叫阮裕(Ruǎn Yù)，他有一辆很漂亮的车。虽然阮裕很喜爱这辆车子，但是只要有人借，他都会答应。

有一次，邻居的母亲去世了，邻居很想借阮裕的车子给母亲送葬(sòngzàng/to hold a funeral)。但是想来想去，觉得办丧事(sāngshì/funeral things)不吉利(jílì/lucky)，虽然阮裕很大方(generous)，这次恐怕不一定愿意。这样一想，邻居也就不借车了。

后来，这件事传到了阮裕的耳朵里。阮裕叹息(tànxī/sigh)着说："唉(ài)，我有车就是为了大家方便，现在却让人不敢借用，还要这车干什么呢？"于是他一把火就把心爱的车烧掉了。

(据《世说新语》)

第八课　慎(shèn)(三)
——见贤思齐(jiànxián-sīqí)

课文导读(Text Introduction)

"将相(generals and ministers of state)本无种(be not an inborn talent)，男儿当自强(zìqiáng/exert oneself)。"谁也不是生下来就注定(be destined)会成为大人物，关键(guānjiàn/the key point)是我们能不能做到"见贤思齐"——看见好人，就想着要向他们学习，让自己变得跟他们一样好。

导读译意(Introduction Translation)

"Even generals or ministers are not born elite; man should exert himself." Nobody is destined to be a VIP. The point is we should learn from those better than us and emulate them.

温故篇（The Last Two Texts）

步从容　立端正　揖深圆　拜恭敬　衣重洁　不重华　须合身　且称家
对饮食　勿拣择　食适可　不要多　年纪小　勿饮酒　饮酒醉　最为丑
事勿忙　忙多错　勿怕难　勿轻略　人借物　勿小气　物第二　人第一
借人物　及时还　后有急　借不难　用人物　须明求　如不问　即为偷

知新篇（The New Text）

| jiàn rén xián | zé sī qí | zòng qù yuǎn | mànmān qí |
| 见人贤 | 则思齐 | 纵去远 | 慢慢齐 |

| jiàn rén cuò | jí nèi xǐng | yǒu zé gǎi | wú yě jǐng |
| 见人错 | 即内省 | 有则改 | 无也警 |

| wéi dé xué | wéi cái yì | bù rú rén | dāng nǔ lì |
| 唯德学 | 唯才艺 | 不如人 | 当努力 |

| jǐ yǒu cái | wù zì sī | rén yǒu néng | wù dù jì |
| 己有才 | 勿自私 | 人有能 | 勿妒忌 |

第八课　慎（三）

白话译文（Modern Chinese Translation）

看到别人的优点，就想着要向他看齐；即使差得很远，只要努力，就能慢慢看齐。

看到别人的错误，应该反思一下自己——有，就改正；没有，也要多加注意。

道德、学问和才能不如他人时，应该努力赶上。

如果自己有能力，要用自己的能力帮助别人，不要自私；别人有才能，我们不应妒忌（be jealous of）。

英语译意（English Translation）

When we see others' virtues, we should try to emulate them. Even if we are far behind now, gradually we are able to make it as long as we make the effort.

When we spot others' faults, we should reflect whether we have the same shortcomings. If we find them, get rid of them. If not, be alert to them.

When we lag behind others in morality, learning or abilities, we should work hard to emulate them.

When we have talents, we should help others with them. If others have talents, we should not be jealous.

字词句(Chinese Characters, Words and Sentences)

❶ 思

词　思考(think)、前思后想；思念(miss)、相思

句　★俗话说："三思而后行。"意思就是要养成谨慎的好习惯。
　　★中国有个故事叫《孟姜女哭长城》，说的是孟姜女思念在外服苦役(fú kǔyì/do hard labor)的丈夫，担心他吃不饱、穿不暖。冬天来了，孟姜女带了一些衣服，好不容易来到丈夫服苦役的长城脚下，却听说他已经死了，尸体(shītǐ/corpse)都埋(bury)在长城下面。孟姜女痛哭三日三夜，哭倒长城，终于找到了丈夫。
　　★

> **静夜思**
> 李　白
> 床前明月光，疑是地上霜。
> 举头望明月，低头思故乡。

　　注释：①疑：doubt; disbelieve。②举：lift; raise。③望：看。④故乡：家乡。

❷ 齐

义　①一样。②整齐(orderly; neat)。

词　齐名、齐心协(xié)力(be all of one mind)、整齐、齐步走

句　"人心齐，泰山(Tài Shān/Mount Tai)移(yí/move)"，只要大家齐心协力，就是泰山也搬(take away)得开。《愚(yú)公移山》就是这样一个故事。愚公是一个老爷爷，他们家前面有一座大山，出入(chūrù/out and in)很不方便，愚公就跟家里人商量(shāngliang/discuss)，用空余时间来把山移开。虽然老爷爷快九十岁了，但他相信："我死了有儿子，儿子又有儿子，子子孙孙坚持(persist)下去，总有一天会把山移开的。"于是他们就齐心协力，开始搬山了……

第八课　慎(三)

泰山南天门

❸ 去
义 这里的意思是"相距（xiāngjù/distance）"。

❹ 警
义 上面是"敬"，下面是"言"，合在一起表示说话做事要小心，对人对事都要心存敬意。
词 警告（warning）、警惕（jǐngtì/be on guard against）、警示牌（jǐngshìpái/warning board）、警察（jǐngchá/police）
句 ★中国的报警求助电话：匪警110，火警119，急救120。

猜一猜 下面警示牌的意思是：_____。(答案见练习册)

⑤ 才≈能

词 才能≈能力（ability）、贤能（able and virtuous personage）；能够、能否（fǒu/cannot）

句 "圣人无常师。"意思是圣人没有固定不变的老师，谁有才能谁就是我们的老师。

⑥ 私←→公

义 private←→public｜个人的，自己的。只关心自己不关心他人，就叫"自私"。

词 自私、私人、无私、隐私（yǐnsī/privacy）、私下（in private）

句 "自私"跟"隐私"不一样。不自私的人、无私的人也有自己的隐私。我们应该尊重别人的隐私，不要把别人的隐私到处乱说。

⑦ 妒＝忌

义 envy; be jealouse｜看到别人比自己好就心生怨恨。

词 妒忌

句 人是很容易生妒忌心的，所以我们既要小心别人的妒忌，也要小心看好自己的内心，不要去妒忌别人，不要生妒忌心。

补充阅读(Supplementary Reading)

祁奚荐贤

从前有一个叫祁奚(Qí Xī)的人,非常公正,从来都是说实话,一是一、二是二。

祁奚老了,向国王请求退休。国王问:"谁可以接替(jiētì/succeed to)你呢?"祁奚说:"解狐(Xièhú)合适。"国王有点不相信自己的耳朵,问:"解狐不是你的仇人(chóurén/personal enemy)吗?推荐(tuījiàn/recommend)自己的仇人,没发烧吧你?"祁奚笑了笑,回答说:"您问的是谁适合接替我,是不是我的仇人跟这个没关系。"

国王正准备让解狐接替祁奚,没想到解狐生病死了,于是国王再问祁奚谁可以接替他。祁奚说:"祁午可以。"国王这次又不能相信自己的耳朵了:"祁午不是你的儿子吗?推荐自己的儿子,好意思吗你?"祁奚回答说:"您问的是谁适合接替我,是不是我的儿子也没什么关系吧?"国王说:"哦,好!好!好!"于是任命了祁午。

孔子听说了这件事,说:"祁奚真是一个无私的人啊!"

(据《左传·襄公三年》)

第九课　慎(shèn)(四)
——闻过则喜(wén guò zé xǐ)

课文导读(Text Introduction)

上节课我们学了"见贤思齐"，知道看到别人的优缺点(yōu-quēdiǎn/virtues and defects)时该怎么做了。"人非圣贤，谁能无过。"我们又该如何对待自己的过错呢？当别人表扬或批评我们时，自己又该怎样做呢？

导读译意(Introduction Translation)

In the last lesson we have learned how we should deal with others' virtues and defects. As the saying goes, "Nobody is a saint; who can be perfect?" So, how should we deal with our own faults? How should we deal with praise and criticism from others?

温故篇(The Last Two Texts)

事勿忙　忙多错　勿怕难　勿轻略　人借物　勿小气　物第二　人第一
借人物　及时还　后有急　借不难　用人物　须明求　如不问　即为偷
见人贤　则思齐　纵去远　慢慢齐　见人错　即内省　有则改　无也警
唯德学　唯才艺　不如人　当努力　己有才　勿自私　人有能　勿妒忌

知新篇(The New Text)

wén guò nù　　wén yù lè　　sǔn yǒu lái　　yì yǒu qù
闻过怒　　　闻誉乐　　　损友来　　　益友去

wén yù dàn　　wén guò xīn　　zhèng zhí shì　　jiàn qīn jìn
闻誉淡　　　闻过欣　　　正直士　　　渐亲近

wú xīn fēi　　míng wéi cuò　　yǒu xīn fēi　　míng wéi è
无心非　　　名为错　　　有心非　　　名为恶

cuò néng gǎi　　guī yú wú　　rú yǎn shì　　zēng yī guò
错能改　　　归于无　　　如掩饰　　　增一过

白话译文（Modern Chinese Translation）

听见批评就生气，听见夸赞（kuāzàn/praise）就高兴，坏朋友就会越来越多，好朋友反倒会退离开。

听到夸赞能做到平平静静，听到批评反而高兴，正直诚实的人就渐渐亲近我们了。

做了不好的事，但不是故意的，叫做过错；故意做坏事，那便是罪恶（zuì'è/evil）了。

有错而能改，慢慢就没有了；如果掩饰（hide; cover up）过错，就是错上加错了。

英语译意（English Translation）

If we get angry at criticism and happy at praises, we will be surrounded by more and more bad friends, while good friends will leave.

If we are calm at praises and ready for criticism, people with integrity will approach us gradually.

It is merely a fault to have done something wrong by accident, but it is evil if we do wrong on purpose.

Faults will diminish gradually if we correct them. But if we cover them up, we are doubly wrong.

字词句（Chinese Characters, Words and Sentences）

① 闻

义　①聞，"门"里面有个耳朵，就是"听"的意思。②用鼻子（bízi/nose）嗅（xiù/smell）。

词　闻名≈名闻（well-known）、新闻、见闻

句　中医，指的是中国传统医药。中医看病要"望、闻、问、切（feel the pulse）"，这个"闻"既有"听"也有"嗅"的意思。

② 誉

义　praise｜称赞。

词　名誉（fame）、荣誉（róngyù/honour）、信誉（credit）

句　中国的陶瓷（táocí/chinaware）誉满天下，世界闻名，所以中国被西方人称为China。

陶瓷花篮

❸ 损

义 跟手(扌)有关,本义是"使减少(jiǎnshǎo/reduce)"。课文里的意思是"有害的",与"益(有好处)"相对。

词 损失(lose)、损害≈损坏(damage)

句 ★俗话说:满招损,谦受益。——自满(arrogant)只能带来损失,谦虚(qiānxū/modest)可以得到好处。

★孔子说:"益者三友,损者三友。"正直的人、诚信的人、知识广博(guǎngbó/erudite)的人,跟这三种人交朋友是有益的。"损者三友"又是哪三种人呢?

❹ 淡

义 与"咸(xián/salty)"相对,意思是"不咸、盐(yán/salt)少"。如果一个人对待名和利(fame and fortune)都很平静,这也是"淡"。课文里就是这个意思。

词 平淡、淡泊(dànbó/not to seek fame and wealth)、冷淡(cold; indifferent)

句 中国有很多淡水湖(freshwater lake),浪漫(làngmàn/romantic)故事最多的是杭(Háng)州西湖。白娘子的故事你听说过吗?就发生在这里。

杭州西湖

❺ 正

义 正的本义是 upright，这里的意思是 honest，fair。在中华文化里，"正"是非常重要的字。跟"正"相关有一大堆(duī)(a pile of)很好的词。

词 正直、正气、正义、正确、正道、正事、正人君子、方正、周正、端正、堂堂正正、方方正正、端端正正

句 你听过《中国娃(wá/child)》这首歌吗？"最爱写的字是先生教的方块字，横(héng/horizontal stroke)平竖(shù/vertical stroke)直，堂堂正正做人也像它……"

❻ 直≈正←→曲(qū)≈歪(wāi)

词 直率(shuài)≈直爽(zhíshuǎng/frank; straight forward)、直接、直觉、一直

句 还记得"祁奚荐贤"的故事吗？祁奚就是一个非常正直的人。

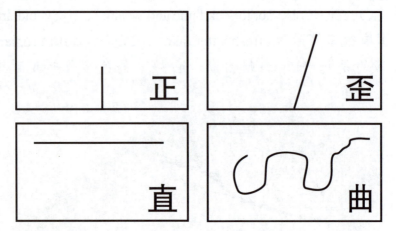

❼ 士

义 对人的美称(a laudatory title)。上面是"十"，下面是"一"，表示从一开始，到十结束。如果做事情能"始终(zhōng)如一(be consistent from beginning to end)"，那就很了不起，就是"士"了。

词 绅士(shēnshì/gentleman)、女士、男士

❽ 渐

词 渐渐 ≈ 逐渐（gradually）

句 冬天渐渐地走，春天渐渐地来，风儿渐渐地暖，花儿渐渐地开。冬来了又去，春去了又来，可是我们人呢，美少年渐渐变成老爷爷，美少女渐渐变成老太太，过去的再也回不来啦。

❾ 归 ≈ 还 ≈ 回

词 归还、归国、回归；归属（guīshǔ/belong to）

句 俗话说："五岳（yuè）归来不看山，黄山归来不看岳。""岳"就是高大的山。"五岳"是中国东西南北中有名的五座大山，看了这五座山，别的山就不必看了。可是呢，如果先看过黄山，其他的山就都不必看了，可见黄山有多美。

黄山飞来石（shí）

⑩ 掩 ≈ 盖（gài）
　词　掩饰 ≈ 掩盖 ≈ 掩藏（yǎncáng/cover; hide）
　句　"掩耳盗铃（yǎn'ěrdàolíng/plug one's ears while stealing a bell）"的故事说的是一个人偷铃的时候，捂（wǔ/cover with hand）住自己的耳朵，自己听不见铃儿的声音，就以为别人也听不见了——这样的傻子（shǎzi/idiot）现在也不少啊。

⑪ 增 ≈ 加 ←→ 减 ≈ 少
　词　增加、增长、增光（add lustre to; do credit to）
　句　天增岁月人增寿，春满乾坤（qiánkūn/world; universe，即天地）福满门。

补充阅读（Supplementary Reading）

买"骂"

徐(Xú)公是齐国有名的美男子，邹(Zōu)忌长得也不错。

有一天，邹忌问他太太："是我帅(shuài/handsome)呢，还是徐公帅？"太太说："你比徐公帅多了！"邹忌没有什么信心，同样的话又问了身边很多人，都说他比徐公美。有一天，邹忌见到了徐公，才知道自己差多了。

他想，自己身边的人要么是爱他，要么是怕他，所以才说假话让他高兴。人不会没有缺点，有缺点自己不知道，别人也不说实话，问题就大了。一国之中，最让人爱，也最让人怕的是国王，可见国王听到的许多是假话。于是他就把自己的想法说给了国王听。

国王觉得邹忌说的有道理，于是向全国发布命令(mìnglìng/order)：给国王提意见(present opinions and comments)有奖(jiǎng/award)。一开始，提意见的人多得不得了，慢慢地，意见越来越少，而国王给的奖金也越来越高。一年之后，就是有人想提意见也不知道说什么了。

（据《战国策·齐策》）

第十课　爱(ài)(一)
——隐恶扬善(yǐn'è-yángshàn)

 课文导读(Text Introduction)

　　有一种爱叫博爱。博爱,既是无私的,也是广大的;既爱亲人朋友,也爱不认识的人、所有的人。这两课我们将会学习如何做一个有博爱之心的人。

 导读译意(Introduction Translation)

One kind of love is universal, selfless and generous. We love not only our relatives and friends, but people we do not know as well. We love all people. In this lesson and the next we will learn how to be such a person.

温故篇（The Last Two Texts）

见人贤 则思齐 纵去远 慢慢齐 见人错 即内省 有则改 无也警
唯德学 唯才艺 不如人 当努力 己有才 勿自私 人有能 勿妒忌
闻过怒 闻誉乐 损友来 益友去 闻誉淡 闻过欣 正直士 渐亲近
无心非 名为错 有心非 名为恶 错能改 归于无 如掩饰 增一过

知新篇（The New Text）

tiān tóng fù	dì tóng zài	fán shì rén	jiē xū ài
天同覆	地同载	凡是人	皆须爱
kuā rén shàn	shì jǐ shàn	yáng rén è	shì jǐ è
夸人善	是己善	扬人恶	是己恶
shàn xiāng quàn	dé jiē jiàn	guò bù guī	dào liǎng kuī
善相劝	德皆建	过不规	道两亏
ēn yào bào	yuàn yào wàng	bào yuàn duǎn	bào ēn cháng
恩要报	怨要忘	报怨短	报恩长

第十课 爱（一）

白话译文(Modern Chinese Translation)

同在一片蓝天下,同住一个地球上,只要是人,我们都应该爱他。

赞美别人的善行,就等于是自己行善;把别人的不好到处乱说,就等于自己作恶。

互相劝勉(quànmiǎn/exhort)行善,彼此(bǐcǐ/each other)都能建立良好的德行;有了过错而不相互规劝,双方都会在品行上留下不足。

别人对我们有恩,要长久地记在心里,并时时想着回报;对别人的怨恨,最好赶快忘掉。

英语译意(English Translation)

We are all human beings, living on the same earth under the same sky. We should love all people.

It is good to praise another's good deeds. It is wrong to gossip about another's wrongdoings.

By encouraging each other to do good, both can improve virtues; however, our virtue will be stained if we ignore each other's faults.

Keep in mind the favors done by others, and remember to pay them back; but regarding the hate towards others, we'd better immediately forget.

字词句（Chinese Characters, Words and Sentences）

❶ 覆
- 义　① cover　② overturn
- 词　覆盖、覆水难收
- 句　★ 俗话说"说出来的话，泼（pō/pour）出去的水"，"覆水难收"也是这个意思。有些话说出来，有些事做出来，就再也收不回来了，所以要"谨言慎行"。

  ★ 大雪覆盖的冬日又安静又纯洁，跟春、夏、秋相比，自有另一种美丽。

❷ 载
- 义　① 装（load）、承受重量（bear the weight）。② 又。
- 词　载客、载重；载歌载舞
- 多音　载（zǎi）：① 记载（record）、下载（download）、卸载（xièzǎi/unload）。② 三年五载（载=年）。这本历史书里记载了很多有趣的故事。

❸ 夸

义 说别人好，称赞。

词 夸奖≈夸赞（praise）、夸大≈夸张（overstate; exaggerate）

句 一是一、二是二，不要夸大事实，不要把一说成十，十说成百。

❹ 善←→恶

义 善，上面是"羊"，表示美味（měiwèi/delicious food）；下面的两个"言"，表示连连（again and again）称赞。引申（yǐnshēn/extend in meaning）为"好"。

词 善良、友善、善报、积德行善

句 ★《易经》上说："积善之家，必有余庆。"积德行善的家庭，一定会有很多可喜可贺（worth congratulation）的事。

★《老学究语》上说："钱多正好行善，只要能积能散；积善也如积钱，一文凑（còu/gather）成一串（yí chuàn/a string）。"

★"勿以恶小而为之，勿以善小而不为。"这句话是刘备（Liú Bèi）写给儿子的，也值得我们每一个人记在心里。

❺ 扬

义 ①高举，往上升。②说出去，让人知道。

词 飘扬（piāoyáng/wave）、表扬、宣扬（xuānyáng/advocate）、发扬（develop; promote/carry forward）

句 过去有一个叫窦燕山（Dòu Yānshān）的人，到了三十岁还没有孩子。有天晚上他做了一个梦，梦里面他死去的爸爸告诉他要积德行善，做好事、做好人。从此，他努力向善，帮助别人。后来，他有了五个儿子，这五个儿子也都成了有用之才。这个故事在《三字经》里面就是下面这四句话："窦燕山，有义方。教五子，名俱（jù/all）扬。"

❻ 相

义 each other

词 互相=相互、相处、相反

句 中国文化里的"五行",金(metal)、木(mù/wood)、水、火、土(tǔ/earth),说的是万事万物相生相克(reinforce and counteract each other)的道理。

相生:金生水→水生木→木生火→火生土→土生金
相克:金克木→木克土→土克水→水克火→火克金

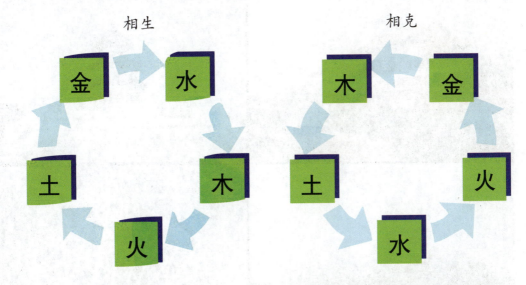

多音 相(xiàng):相貌(looks)、相片;丞相(chéngxiàng/prime minister)

★ "不为良相,但为良医"的意思是如果不能做一个好丞相,也要做一个好医生。

★ 中国历史上最有名的丞相是三国时期的诸葛亮(Zhūgě Liàng)和宋朝(the Song Dynasty)的包拯(Bāo Zhěng),关于他们的故事有很多,有兴趣的话,找来读一读吧!

7 建

义　build; establish

词　建设、建立、建筑（jiànzhù/building）

句　北京既有很多漂亮的古建筑，也有很多漂亮的现代建筑。

①天安门　②天坛(tán)　③国家大剧(jù)院　④鸟巢(cháo)

8 亏

义　① lose（money, etc.）比较"夸"和"亏"——夸得太"大"，就会"吃亏"，所以不是"夸"得越多越好。② be short of; lack

词　亏心（have a guilty conscience）、亏损（loss）、亏欠（kuīqiàn/have a deficit）、亏待（treat unfairly）

句　俗话说：为人不做亏心事，不怕半夜鬼(guǐ/ghost)叫门。不但不应做亏心事，就是吃点亏也没关系，因为"吃亏是福"啊。

⑨ 恩←→怨

义 favour←→enmity："恩恩怨怨何时了（liǎo/end; over）"，就是要记恩不记怨，生活才会平静美好。

词 感恩、恩爱；怨恨、抱怨

句 俗话说："生子方（才、就）知父母恩。"感恩父母，这个道理应该知道得越早越好。

⑩ 报

义 ① repay; reward ② report ③ newspaper

词 报答、报恩；报告；报纸

句 ★"善有善报，恶有恶报，不是不报，时辰（shíchen/time）未到，时辰一到，一切全报。"——信不信由你。

★学了这一课，大家应该知道，即使做不到"以德报怨"，起码也要做到"以德报德"，千万不能"以怨报德"，那样就成"中山狼（láng/wolf）"了。从前在中山这个地方，有一只狼被猎人（lièrén/hunter）追赶（chase after），这时遇到了东郭先生，就喊："先生救命！先生救命！"东郭先生把狼装进一条口袋（kǒudài/sack）里，等猎人过去之后，他把狼放了出来，说："猎人走了，你也逃命（táomìng/run for one's life）去吧！"狼说："老头！我饿了。你既然救了我，也不能让我饿死吧？"说着，狼就扑（pū/pounce on）向东郭先生。这时来了一个农夫（farmer）……

猜一猜 故事的结尾（jiéwěi/ending）。（答案见练习册）

补充阅读（Supplementary Reading）

结　草

从前，秦国和晋（Jìn）国交战（jiāozhàn/be at war），秦将军（jiāngjūn/general）和晋将军打在一起。这时草丛（cǎocóng/tussock）里忽然出现了

一个老人,把草结(bind)在一起,套(tào/hitch up)住了秦将军的脚。秦将军摔倒(shuāidǎo/fall over)在地,被晋将军抓住。当天夜里,晋将军做了一个梦,在梦中见到那位帮助他的老人。老人说他是某某(mǒumǒu/someone)的父亲,今天是来报恩的。

原来,晋将军的父亲有个漂亮的小老婆(pó)(concubine),父亲刚生病的时候对儿子说:"我死之后,把她嫁出去。"后来又对儿子说:"我死之后,你把她杀(shā/kill)了陪我。"父亲死后,晋将军没有把父亲的小老婆杀死陪老爸,而是让她再嫁。有人说他这样做是不孝,他说:"人在病重(seriously ill)的时候,神智(sense)不清醒(sober),我让这个女子再嫁,是按父亲神智清醒时说的话做的。"其实,他是不忍心(bear)让这个年轻的女子白白死掉。

有一个成语叫"结草衔(xián/hold in the mouth)环","结草"就是这个故事。"衔环"也是一个故事,问问你的父母或老师,或者自己查一查吧。

(据《左传·宣公十五年》)

第十一课　爱(ài)(二)
——将心比心(jiāng xīn bǐ xīn)

课文导读(Text Introduction)

你不喜欢别人没礼貌，那自己首先要有礼貌；你不想别人说假话，那自己首先不说假话。孔子说："己所不欲，勿施(shī/give; impose)于人。"就是这个意思。用本课的话说就是"将加人，先问己"，再换句话说就是"将心比心"。

导读译意(Introduction Translation)

If we do not like people with ill manners, we should first have good manners. If we do not want others to tell lies, we should first tell truth. This is just what Confucius taught us in his words "Do not impose what we dislike on others." The similar idea also appears in this lesson: "Ask ourselves if we like to be treated the way we treat others." There is also a phrase "feel another's heart with our own heart".

温故篇(The Last Two Texts)

闻过怒　闻誉乐　损友来　益友去　闻誉淡　闻过欣　正直士　渐亲近
无心非　名为错　有心非　名为恶　错能改　归于无　如掩饰　增一过
天同覆　地同载　凡是人　皆须爱　夸人善　是己善　扬人恶　是己恶
善相劝　德皆建　过不规　道两亏　恩要报　怨要忘　报怨短　报恩长

 知新篇(The New Text)

| jiāng jiā rén | xiān wèn jǐ | jǐ bú yù | jí sù yǐ |
| 将加人 | 先问己 | 己不欲 | 即速已 |

| gěi hé qǔ | yào fēn xiǎo | gěi yīng duō | qǔ yí shǎo |
| 给和取 | 要分晓 | 给应多 | 取宜少 |

| shì fú rén | xīn bù rán | lǐ fú rén | cái wú yán |
| 势服人 | 心不然 | 理服人 | 才无言 |

| cái dà zhě | wàng zì dà | xíng gāo zhě | míng zì gāo |
| 才大者 | 望自大 | 行高者 | 名自高 |

白话译文（Modern Chinese Translation）

自己怎样对待别人，就要想一想如果是别人这样对待自己，自己是不是喜欢，如果不喜欢就应赶快停止。

跟人交往，应当分清楚给予（jǐyǔ/give）和取得。正确的态度应该是给（gěi）多取少。

权势（quánshì/power）可以使人表面上服从，心中却不以为然；只有以道理感化对方，才能让人心服口服。

才能大的人，声望自然大；品行高尚（gāoshàng/lofty）的人，名声自然也高。

英语译意（English Translation）

In what way should we treat others? First ask ourselves whether we would like others to treat us in this way or not. If not, we must quit it at once.

Distinguish between giving and taking. We should give more and take less.

Power may engender compliance in surface but denial in heart. Only reasoning can make people completely trust you.

People with great abilities win good reputations naturally. People of high virtue also earn fame naturally.

字词句（Chinese Characters, Words and Sentences）

1 将

义 ①拿、用。②就要。

词 将心比心；将要、将来

句 ★将心比心，察（observe）己知人。己所不欲，勿施于人。

★过去的已过去，将来的还未来。所以，我们要立足过去，着眼（zhuóyǎn/focus on）将来，抓住现在。

2 欲

义 想要，希望。

词 欲望、食欲（appetite）、求知欲、欲言又止

句 ★"欲速则不达"，就是说太着急反而达不到目的。

★俗话说：善欲人见不是真善，恶恐人知便是大恶。做一点好事便想全天下人都知道，这样的"善"不是真善。

3 速

义 赶快 | at once; quickly

4 已

义 ①停止。②已经，跟"未"相对。

词 已然←→未然、已知←→未知

句 "学不可以已"，就是学习不可以停下来，要"活到老，学到老"。

暨南大学华文学院印尼函授班的学员

❺ 取(take)←→舍(give)

词 取得、取舍、取款(kuǎn)(withdraw money)、可取

句 俗话说：尺有所短，寸(cùn/a length unit, rougly equals to 3.3 cm. One "尺" equals ten "寸")有所长。意思是人人都有优点，都有可取之处。

❻ 晓

义 天亮。天亮了，什么都看见了，进一步表示"明白、知道"。

词 拂晓(fúxiǎo/daybreak)、晓得(知道)、家喻(yù)户晓(家家户户都知道)

句 下面这首诗写的是春天的早晨，一觉醒来天已经亮了，到处听得见鸟儿们在高兴地唱歌，想起夜里有风雨的声音，窗外应该有不少落花吧？

> **春 晓**
> 孟浩然
> 春眠不觉晓，处处闻啼鸟。
> 夜来风雨声，花落知多少。

注释：① 眠(mián)：sleep。　② 啼(tí)：crow; caw; twitter。

7 势

义 ①上面是"执(zhí,拿)",下面是"力",手中有力,表示很有权力(power)。② tendency

词 势力≈权势(power; authority)、势利(snobbish)、形势(situation)、趋势(qūshì/trend; tendency)

句 虽然现在汉语还不是一种世界语言,但形势发展得很快,汉语成为一种世界语言的趋势已经很明显(clear)。

8 然

义 ① 对。② 这样。

词 不以为然(disapprovingly)、虽然、然而(yet; but; however)、必然(certain; necessarily)

句 学习知识要"知其然,知其所以然",不但要知道"是什么",还要知道"为什么"。

9 望

义 看;希望;名声。

词 希望≈期望、名望≈声望、望子成龙(hope one's children will have a bright future)

句 父母都是望子成龙、望女成凤(fèng/phoenix; queen),对子女有很大期望。

补充阅读(Supplementary Reading)

卖 马

宋朝的时候,有个姓陈(Chén)的人很喜欢马,养了很多马,其中有一匹(pǐ)马脾气(píqi/temper)很坏,常常踢人咬(yǎo/bite)人。

有一天,陈父发现那匹烈马(lièmǎ/bronco)不见了,便问儿子怎么回事。儿子说:"卖了。"父亲又问:"有没有告诉买马的人这是匹烈马呢?"儿子说:"哎(āi)呀!爸,我要是跟人说这马又踢又咬,人家还会买吗?您不知道,这匹马呀,还卖了个高价呢!"陈父一听,生气地说:"你怎么能骗人呢?"儿子说:"爸,马是他自己看中的,他愿意买,我愿意卖,这哪里是骗他?"父亲又问:"明明知道是匹烈马,你却不说,这不是骗是什么呢?"儿子听了惭愧(cánkuì/ashamed)地低下了头,说:"爸,您别生气,是我做错了,我这就去把那匹马买回来。"

于是这个小陈公子找到那个买马的人,说明了原因,把钱退(refund)给了人家,把马牵(qiān/lead along)了回来。后来,陈家一直把那匹马养到老死。

(据朱熹《宋名臣言行录》)

第十二课　仁(rén)
——仁远乎哉(rén yuǎn hū zāi)

课文导读(Text Introduction)

孔子说:"君子成人之美,不成人之恶。小人反是。"我们应该"近君子,远小人"。

导读译意(Introduction Translation)

Confucius said, "Gentlemen help others achieve their good rather than their evil while vile people do the opposite." We should approach gentlemen while keeping away from the vile.

温故篇（The Last Two Texts）

天同覆 地同载 凡是人 皆须爱 夸人善 是己善 扬人恶 是己恶
善相劝 德皆建 过不规 道两亏 恩要报 怨要忘 报怨短 报恩长
将加人 先问己 己不欲 即速已 给和取 要分晓 给应多 取宜少
势服人 心不然 理服人 才无言 才大者 望自大 行高者 名自高

知新篇（The New Text）

tóng shì rén	lèi bù qí	sú zhě zhòng	rén zhě xī
同是人	类不齐	俗者众	仁者稀

zhēn rén zhě	rén duō wèi	yán bú huì	sè bú mèi
真仁者	人多畏	言不讳	色不媚

néng qīn rén	wú xiàn hǎo	dé rì jìn	guò rì shǎo
能亲仁	无限好	德日进	过日少

bù qīn rén	wú xiàn hài	xiǎo rén jìn	bǎi shì huài
不亲仁	无限害	小人近	百事坏

白话译文（Modern Chinese Translation）

同样都是人，类别(type)却不一样。一般的人很多，而真正称得上是仁者的人并不多。

一个人果真是仁者，他不会说假话、装样子讨好(play up to)别人，但人们还是会敬畏(revere)他。

能够亲近仁者，会有无限(boundless)好处，品德天天进步，过错日日减少。

如果不亲近仁者，害处也多得很，小人围绕(wéirào/around)身旁，什么事情都做不好。

英语译意（English Translation）

We are all humans, but we fall into different types. The ordinary are the majority, while people of great humanity are a small number.

A real humane person never tells lies or flatters others, but people still hold him in respect.

It benefits us a lot to get close to people with great humanity, for day by day our morality will be strengthened while our faults will be lessened.

It is really a shame to avoid people with great humanity. If we are surrounded by mean people, we will achieve nothing.

字词句(Chinese Characters, Words and Sentences)

❶ 类
- 义 kind; category
- 词 分类(to categorize)、种类≈门类≈类别
- 句 书可以分成不同的类别,例如工具(jù)书(reference book)、教科书(textbook)等等。《××典》一般都是工具书,例如《新华字典》、《现代汉语词典》都是中国人最常用的汉语工具书。

❷ 俗
- 义 平凡的,大众的,一般的。
- 词 俗≈庸(yōng)俗≈平庸(commonplace; mediocre)、风俗
- 句 庸俗是对人、对事物的不好的评价(evaluate),相反,"不俗"是很高的评价。

❸ 稀≈少←→众≈多
- 词 稀少、稀有、稀缺、珍稀(zhēnxī/valuable; precious; rare)
- 句 大熊(xióng)猫(giant panda)和东北虎(hǔ)(manchurian tiger)都是珍稀动物,我们要保护(bǎohù/protect)它们。不止是珍稀动物,许多动物都应该得到保护。你想啊,如果地球上只有人和老鼠(mouse),那该多无聊(boring)。

第十二课 仁

❹ 畏

义 害怕；佩（pèi）服。

词 敬畏、畏惧（wèijù/awe）、望而生畏

句 俗话说：后生可畏。意思是年轻人会更好、更强、更有希望。

❺ 讳

义 因为害怕而不愿说或不敢说。

词 忌讳、讳言

句 华人忌讳说"死"字，而用别的词代替，比如"没了"、"走了"、"去了"、"不在了"等等。因为"4"跟"死"听起来差不多，大家也都忌讳，而"6"（六六大顺）、"9"（健康长久）都是大家喜欢的数字。

注意 "讳"不要读成 wěi，伟大的"伟"才读 wěi。

❻ 媚

义 左边是"女"，右边是"眉（méi/eyebrow）"，表示漂亮美貌，美好可爱。课文里是讨好别人的意思。

7 限

义 一定的范围(scope)。

词 有限、无限、界限(boundary; limits)。

猜一猜 学下面的诗,完成句子:妈妈的爱是____的。(答案见练习册)

游子吟

孟 郊

注释:①游子:要外出游学的儿子。游学是古代的传统,跟现在的观光旅游不一样。②吟(yín):recite。③郊(jiāo)。④线(xiàn):thread。⑤临(lín):到了。⑥密(mì):dense; close。⑦缝(féng):sew; stitch。⑧晖(huī):"晖"同"辉(huī)",阳光,是说妈妈像太阳。

形近 银、很、狠(hěn/ruthless; relentless);狼

8 害≈坏(harmful)←→益≈好(beneficial)

词 有害、害处、伤天害理(do things that are against reason and nature)

句 古时候有个人叫周处,力气很大,脾气很坏,谁都打不过他。人们说,周处、山上的老虎和河里的鳄鱼(èyú/crocodile)是"三害"。为了表明自己了(liǎo)不起(terrific),周处上山杀了老虎,又下河杀鳄鱼,打了三天三夜,河水都红了,周处也不见了。当周处杀死鳄鱼,从水里出来的时候,看到别人高兴地唱着:"周处死了,周处死了!"他才知道自己是多么令人讨厌(disgusting)。从此,他改过自新,重新做人,在历史上留下了美名。

9 百

义 十、百、千、万,除了有10、100、1000、10000的意思,常用来表示

"多",不是确切的数目。

句 东汉的时候有一个穷(qióng)人家(poor family)的孩子叫董(Dǒng)遇,虽然家里穷,虽然有很多事情要做,可是只要一有空闲他就用来读书,慢慢地就有了很多学问,还写了书。人们向他请教学习的方法,他说:"读书百遍,其义自见。"就是说一篇文章或一本书,反复读很多遍,它的意思自然就显现(appear)出来了。人们说没有时间看书怎么办?他说:"读书要用好'三余'。冬天是一年之余,晚上是一天之余……。"

猜一猜 还有一"余"你来猜猜。(答案见练习册)

⑩ 坏

义 ①毁(huǐ)坏≈破坏(damage; ruin);②坏人≈坏蛋(bad)。课文里是第一个意思。最坏的人在汉语里不叫"坏人",叫"小人"。因为坏人的坏你看得到,好比是地上的坑(kēng/hollow);而小人的坏你看不到,好比是陷阱(xiànjǐng/pitfall)。下面的阅读就给大家讲一个小人的故事。

补充阅读(Supplementary Reading)

郑 袖

郑(Zhèng)袖是古代楚国一个国王的妃(fēi)子(皇帝的小老婆),在所有的妃子当中,国王最喜欢她了。后来,国王得到一个魏(Wèi)国美女,这个美女更年轻、更漂亮,当然也更讨国王的喜欢。郑袖心里妒忌得要命,可表面上却跟这个魏美人非常好,陪她一起玩、一起说话,还常常送她东西。时间久了,魏美人觉得这个郑姐姐还真不错呢!

有一天,郑袖对魏美人说:"妹妹呀,你真漂亮,难怪(no wonder that)大王那么喜欢你,但是你的鼻子大王不是很喜欢。"魏美人一听很着急:

"姐姐！那我怎么办呢？"郑袖说："我有一个好办法，以后你跟大王在一起的时候呢，就用什么东西将鼻子<u>遮掩</u>（zhēyǎn/cover）一下，这样你就更美了，大王也就更喜欢你了。"

此后，魏美人每次跟国王在一起时，总是遮遮掩掩的。国王觉得非常<u>奇怪</u>（qíguài/strange; odd），也有点不高兴。于是有一天郑袖跟国王说："大王，您对小魏妹妹这么好，可她却说您身上有<u>股</u>（gǔ）<u>臭味</u>（chòuwèi/foul smell）。"楚王一听很生气："<u>噢</u>（ō）——，来人哪！"他立刻下令把魏美人的鼻子<u>割掉</u>（gēdiào/cut off）！

<u>可怜</u>（kělián/pitiful）啊！美人没了鼻子，就再也不是美人啦！

（据《战国策·楚策四》）

第十三课 学(xué)(一)
——敬惜字纸(jìng xī zì zhǐ)

 课文导读(Text Introduction)

汉语里有一个很好的词叫"书香门第",指家里有很多书,有很好的读书环境。如果你的家是书香门第,那恭喜你;如果不是,那也恭喜你,因为只要你努力读书,从你开始,你的家就是书香门第了。

 导读译意(Introduction Translation)

There is an elegant word in Chinese meaning "a family filled with the scent of books", referring to a family that possesses a large number of books and hence has a good literate environment. You are lucky if yours is such a family. If not, your family will be like it as long as you work hard in your studies.

温故篇（The Last Two Texts）

将加人	先问己	己不欲	即速已	给和取	要分晓	给应多	取宜少
势服人	心不然	理服人	才无言	才大者	望自大	行高者	名自高
同是人	类不齐	俗者众	仁者稀	真仁者	人多畏	言不讳	色不媚
能亲仁	无限好	德日进	过日少	不亲仁	无限害	小人近	百事坏

知新篇（The New Text）

fáng shì qīng　　qiáng bì jìng　　zhuō àn jié　　wén jù zhèng
房室清　　　　墙壁净　　　　桌案洁　　　文具正

liè diǎn jí　　　yǒu dìng chù　　dú kàn bì　　　huán yuán chù
列典籍　　　　有定处　　　　读看毕　　　还原处

suī yǒu jí　　　juǎn shù qí　　　yǒu quē huài　　jiù bǔ zhī
虽有急　　　　卷束齐　　　　有缺坏　　　就补之

fēi shèng shū　　huài xīn zhì　　　dú hǎo shū　　　xīn zhì qǐ
非圣书　　　　坏心智　　　　读好书　　　心智启

白话译文（Modern Chinese Translation）

书房、墙壁、书桌等要干净，笔、墨、纸、本等文具也要放整齐。

各种书籍（books）应分类排列（arrange），放在固定的位置（wèizhì/place），读诵（sòng/read aloud）完毕（finish）要放回原处。

虽有急事，也要把书本收好；有缺损的地方，就要修补完整。

如果不是好书，会有害身心健康，不要去读；相反，读好书可以开启心智，打开知识的大门。

英语译意（English Translation）

Keep the study room clean, such as walls and desks. Keep the stationery in order, such as pens, ink, paper and notebooks.

Classify books and arrange them accordingly, each kind in a proper place. Put the book away when you have finished reading it.

Keep the books in order even if you are in a hurry. Repair the torn ones.

Do not touch bad books for they do harm to your mind. On the contrary, reading good books can be enlightening, opening the gate of knowledge for you.

字词句（Chinese Characters, Words and Sentences）

❶ **具**
- 义 ① tools｜例如笔、本子、书包等都是文具，桌子、椅子、床、沙发（shāfā/sofa）都是家具。②具体（specific; concrete）。

❷ **列**
- 义 排（put in order）成行。
- 词 排列、列举（list）、行列（line; row）
- 句 春节的时候，我们都要供奉（gòngfèng/enshrine and worship）列祖列宗，请他们回来一起过年。

❸ **典**
- 义 𠕁，甲骨文字形上面是"册（cè/copy; book）"字，下面是双手，意思是用双手捧（pěng/hold in both hands）着书。本义是"重要的书"。
- 词 词典、典籍（ancient books and records）、经典
- 句 中国古代最大、最重要的一部典籍，叫《永乐大典》，它也是古今中外最大的一部百科全书（encyclopedia），全书共计11095册，约3,70000,0000字。

❹ **毕**
- 义 ① 完，结束。② 完全。
- 词 完毕、毕业；毕生、毕恭毕敬（reverent and respectful）
- 句 "我爱我师，我更爱真理（truth）。"这句话用本课的字词来说就是：对老师我们要尊敬，对真理我们要毕恭毕敬。

❺ **卷**
- 义 roll｜例如：鸡蛋卷、卷发、卷起来。
- 多音 卷（juàn）：book。书卷、手不释（放下）卷、开卷有益。宋朝的太宗皇上每天都坚持读书，身边的人劝他说："您每天都很忙，不要读书累坏了身体。"他说：我喜欢读书，从书中能得到很多

乐趣，常常打开书就会觉得有好处，所以我并不觉得辛苦。"于是有了"开卷有益"这个成语。

６ 束

义 ，本义是把柴（chái/firewood）用绳子（shéngzi/rope）捆（kǔn/bundle up）起来。

词 束缚（shùfù/restrict ; restrain）≈ 约束、束手无策（cè/method）

句 人人都喜欢"舒服"而不是"束缚"，但只要"舒服"不要"束缚"恐怕不行吧？你说呢？

７ 缺 ≈ 少

词 缺少、缺点、缺德 ≈ 坏、缺心眼 ≈ 傻

句 古时候有一个国王，他喜欢听很多人一起吹竽（yú/a musical instrument，一种乐器），而且一定要三百人一起吹。有一个叫南郭的人不会吹竽，可是也能在乐队（yuèduì/musical band）里混（hùn）日子（idle away one's time）。后来老国王死了，新国王也喜欢听人吹竽，但喜欢人一个一个地吹给他听。南郭先生听说后马上跑掉了。所以后来就有了两个成语：滥竽充数、宁缺勿滥。不过，下面这张图片里可没有南郭先生啊。

8 补

义 左边是"衣",右边是声旁"卜(bǔ)",本来是补衣服的意思。指把缺少了的东西加上。

词 补充、弥补(míbǔ/make up for)、于事无补

句 ★俗话说:船到江心补漏(lòu/leak)迟。就是有问题要及早处理。

★"补"跟"朴(pǔ/simple; plain)"音接近,义也有关系。俗话说:"新三年,旧三年,缝缝补补又三年。"过去人穷的时候穿衣服就是这样。但即使有钱,简朴也是应该的,浪费(làngfèi/waste)也是可耻的。

猜一猜 下面这幅(fú)图上的老爷爷正在补什么?这样的工作几十年前还有,很遗憾(yíhàn/pitiful)现在再也看不到了!(答案见练习册)

⑨ 智

义 聪明（cōngmíng/smart）

词 智慧、明智（sensible）、智勇双全

句 ★"吃一堑（qiàn/setback），长一智"，意思是受一次挫折（cuòzhé/setback），就长一次见识（wisdom）。

★"智者千虑（lǜ/think over），必有一失；愚（foolish）者千虑，必有一得。"人就是再聪明，也有失误的时候；就是再愚笨（yúbèn/stupid），只要努力，也有成功的时候。不管你觉得自己是"智者"还是"愚者"，相信这句话对你都有好处。

⑩ 启 ≈ 开

词 开启、启发（enlighten）、启示（inspiration）、启事（notice）

猜一猜 下面的句子里有一个错字，你能找出来吗？（答案见练习册）

寻物启示

本人不慎丢失黑色钱包一个，内有身份证、银行卡及本人照片各一张，人民币（bì）（RMB）约1000元。拾到者请与我联系。电话：13634365858。

非常感谢！谢谢！

王×× 2010年3月17日

补充阅读（Supplementary Reading）

书的变身

最早的"书"是把"文字"刻（carve）画在石头上面，可是这样的"书"搬不动，带不走。大概在三千多年前，人们开始把文字刻在龟甲（guījiǎ/tortoise shell）、兽骨（shòugǔ/animal bone）、竹简（zhújiǎn/bamboo slip）和木

简上,这就方便多了。简编在一起,就叫"册",册卷起来,就叫卷,所以直到今天还说"一册书"、"一卷书"。简册卷起来打开、再卷起来打开,次数多了,编连(weave)简册的绳子会断开(duànkāi/break),所以读书很勤奋就叫"读书破万卷"。

东汉的时候发明了造(zào)纸术(paper-making technology)。造纸术是中国的四大发明(invention)之一。有了这个发明,才有了差不多今天这个样子的书。"差不多"还是不一样,那时还没有发明印刷(yìnshuā/printing),书都是抄写(chāoxiě/copy manually)的,抄写费时费力,很不容易。

后来慢慢有了刻板印刷,刻一次版(bǎn/version)可以印很多书,这比抄写快多了,但每次印新书都要重新刻板,还是很麻烦。宋朝的时候,有人发明了活字印刷术。活字印刷就是把每个字都刻好备用,印刷的时候,只要按照字句的顺序(shùnxù/order),把需要的字排放一起就可以了。活字印刷也是中国的四大发明之一,有了活字印刷,印书就变得简单了,书从此走进千家万户。

随着电子技术(electronic technology)的发展,现在有了电子书。电子书就不用纸了,一张光盘(guāngpán/CD),或一个小小的U盘,就能装得下过去的"五车"书啦。

第十四课　学(xué)(二)
——治学有方(zhìxué yǒu fāng)

课文导读(Text Introduction)

养成良好的读书习惯,学会好的读书方法,也是学好知识的一个重要条件。这一课,我们将学习一些好的读书方法,还有更多、更好、更适合自己的学习方法等着去发现。

导读译意(Introduction Translation)

To acquire acknowledge requires a good reading habit and effective reading methods. In this lesson, we will learn some good reading methods; meanwhile more effective methods are waiting for us to discover.

温故篇(The Last Two Texts)

同是人 类不齐 俗者众 仁者稀 真仁者 人多畏 言不讳 色不媚
能亲仁 无限好 德日进 过日少 不亲仁 无限害 小人近 百事坏
房室清 墙壁净 桌案洁 文具正 列典籍 有定处 读看毕 还原处
虽有急 卷束齐 有缺坏 就补之 非圣书 坏心智 读好书 心智启

知新篇(The New Text)

dú shū fǎ　　yǒu sān dào　　xīn yǎn kǒu　　jiē zhòng yào
读书法　　　有三到　　　心眼口　　　皆重要

fāng dú cǐ　　wù mù bǐ　　cǐ wèi zhōng　　bǐ wù qǐ
方读此　　　勿慕彼　　　此未终　　　彼勿起

xīn yǒu yí　　suí shǒu jì　　xiàng rén wèn　　qiú què yì
心有疑　　　随手记　　　向人问　　　求确义

kuān wéi xiàn　jǐn yòng gōng　gōng fu dào　　yí wèn tōng
宽为限　　　紧用功　　　工夫到　　　疑问通

白话译文（Modern Chinese Translation）

读书的方法要注重三到：心到、眼到、口到。这三方面都很重要。

正在读这本书的时候，不要心想其他的书；这本书还没有读完，就不要开始读其他的书。

心里有疑问，应随手记下来，向别人请教，弄（nòng/get; make）清楚它的真意。

读书计划要宽松，但时间要抓紧。工夫用到了，疑问也就明白了。

英语译意（English Translation）

Make good use of three elements in reading: mind, eyes and mouth.

When reading one book, do not think of others. When the book in hand is not finished, do not start others.

Write down immediately your questions, and ask others to help answer them.

Make a relatively relaxed reading schedule, but make the best use of your time. If given enough time and effort, questions will be answered eventually.

字词句（Chinese Characters, Words and Sentences）

❶ 方

义　①方形（square）。②方向（directions）：东方、西方、南方、北方。③方法（method）。④正在。课文中是"正在"的意思。

句　中国古代的钱有一个小名，叫"孔方兄"，是因为那时候使用的铜（tóng/copper）钱外圆内方，中间是一个方孔（hole）。古人认为天是圆的，地是方的，铜钱的外圆内方有"天圆地方"之义，表明钱可以通行天下。"外圆内方"也是做人的道理：跟人交往要圆，"圆"是处世之道；自己的内心要方，"方"是做人之本。

❷ 慕

义　admire; yearn for｜下面是"心"，表示是一种心里的想法。

词　羡慕（xiànmù/admire; envy）、仰慕（yǎngmù/look up to）

句　"临渊（yuān/pool）羡鱼，不如退而结网（netting）"，是说与其白白羡慕别人，不如自己去做。看到水里的鱼，好吃、想吃，有什么用呢？不如赶快回家织（knit）渔网（yúwǎng/fishing net）。

❸ 彼←→此

义　那←→这。通常将两个词放在一起，说"彼此"，是"相互"的意思。"彼此彼此"的意思"你我一样"，表示客气。

❹ 终≈完≈了（liǎo）

词　终于≈最终（finally）、善始善终（begin well and end well）

句　做事情要善始善终，不要虎头蛇（shé）尾（begin with tigerish energy but peter out towards the end），更不能半途而废（bàntú'érfèi/give up half way），有始无终。

❺ 起

义 文中是开始的意思。

词 起初、起步、起源(qǐyuán/origin)

句 世界上的文字起源于图画,至今还在广泛(guǎngfàn/widely)使用的跟图画有关的文字就只有汉字了。

猜一猜 下面的这些古汉字,你能猜出它们是现在的什么字吗?(答案见练习册)

❻ 疑

词 疑问(question);怀疑(huáiyí/doubt)←→相信

句 "疑问"是一个有趣的词,它告诉我们有"疑"就应该"问"。"学问(knowledge)"同样也是一个有趣的词,它告诉我们要想有学问,一是要"学",二是要"问"。

❼ 随

义 跟着(follow);顺便(by the way);听从(obey)。

词 跟随、随手关门、随便(random)、入乡随俗(do as the Romans do)

句

春夜喜雨

杜 甫

好雨知时节,当春乃发生。
随风潜入夜,润物细无声。

注释:①杜甫(Dù Fǔ)是唐代的大诗人,跟李(Lǐ)白齐名,并称"李杜"。②时节:时令,季节。③乃(nǎi):就。④潜入(qiánrù/sneak into):没有声音,悄悄地来。⑤润:即滋润(zīrùn/moisten)。

诗意：早春的夜里下了一场雨，正是需要它的时候它就来了，悄悄地慢慢地滋润着万物生长。做人应该像"好雨"。

❽ 紧（tight）←→松（loose）

词　抓紧、紧张；放松、宽松

句　"抱佛（fó/Buddha）脚"说的是平时不抓紧，事到临头（at the last moment）既紧张又忙乱，还想得到帮助的样子。临时抱佛脚当然不会有什么用。

❾ 功

义 本领，能力。

词 功夫≈工夫（花的时间和精力）、用功、内功

句 "功夫"就是"工夫"，就是说你要想像张三丰、李小龙、李连杰(jié)那样，有了不起的"功夫"，你必须花很多"工夫"去练习。

❿ 通

义 知道得很明白、很清楚。

词 精通≈通晓、中国通

句 虽然他是个外国人，但汉语说得比很多中国人还要好，而且不但精通汉语，还精通中国的历史、地理(geography)、文化……几乎就是个中国通。

李小龙

  补充阅读(Supplementary Reading)

满了吗？

从前有一个小和尚到处寻找名师，后来，他终于找到了一位高僧(sēng/monk)大德。高僧见他一片诚心，便收他为徒(apprentice)。两年后，小和尚自以为学到了很多东西，打算向师父辞行(cíxíng/say goodbye)。高僧让小和尚拿来一个钵(bō/alms bowl)，请他往里面放石头。看看装满了，高僧问："满了吗？"小和尚答："满了。"高僧便抓了一把沙子(sand)撒(sǎ/spill)进去，晃(huàng/shake)了晃，不见了，又抓起一把沙子撒进去，晃了晃，又不见了。等到沙子也满了，高僧再次问："满了吗？"小和尚惭愧地说："看上去好像满了。"高僧又取来一只杯子，往里面倒水。一杯、

两杯、三杯，钵终于满了，水流出来了。

高僧问："满了吗？"

小和尚答："满了。"

高僧问："满了还装得下别的东西吗？"

小和尚答："师父，我想继续修行佛法。"

（据http://www.bskk.com/forum.php?mod=viewthread&tid=165210）

第十五课　学(xué)(三)
——知行合一(zhī xíng hé yī)

课文导读(Text Introduction)

　　孝、敬、谨、信、仁、义、和、善、勤、俭……这些做人的道理我们都知道了，但光是知道还不够，这些道理不是嘴上的功夫，更要紧的是能不能做到。让我们知行合一，学做人，学做好人，学做圣人吧！

导读译意(Introduction Translation)

In the previous lessons we have learned the following principles: "孝，敬，谨，信，仁，义，和，善，勤，俭." But it is not enough just to know them, or recite them fluently; we must live them. Let us learn, by combining our principles with our actions, to transform ourselves to be a good person or even a sage.

温故篇（The Last Two Texts）

房室清　墙壁净　桌案洁　文具正　列典籍　有定处　读看毕　还原处
虽有急　卷束齐　有缺坏　就补之　非圣书　屏勿视　蔽聪明　坏心智　读好书　心智启
读书法　有三到　心眼口　皆重要　方读此　勿慕彼　此未终　彼勿起
心有疑　随手记　向人问　求确义　宽为限　紧用功　工夫到　滞塞通

知新篇（The New Text）

bú lì xíng　　zhǐ xué wén　　zhǎng fú huá　　chéng hé rén
不力行　　　只学文　　　长浮华　　　成何人

zhǐ lì xíng　　bù xué wén　　rèn jǐ jiàn　　wàng lǐ zhēn
只力行　　　不学文　　　任己见　　　昧理真

zhāo qǐ zǎo　　yè mián chí　　lǎo yì zhì　　xī cǐ shí
朝起早　　　夜眠迟　　　老易至　　　惜此时

wù zì bào　　wù zì qì　　shèng yǔ xián　　kě xué zhì
勿自暴　　　勿自弃　　　圣与贤　　　可学致

第十五课　学（三）

117

白话译文（Modern Chinese Translation）

不努力实践学过的知识和道理，只会死读书，增长不切实际的习气，到头来会成为什么样的人呢？

如果只是盲目（mángmù/blindly）地去实践，不学习文化知识，就容易不明事理，只按照自己的偏见（piānjiàn/prejudice; bias）做事。

人生苦短，岁月忽老，所以应早起晚睡，珍惜时间。

不要自暴自弃，只要努力，圣贤也是可以学得来的。

英语译意（English Translation）

If we just acquire knowledge from books without any practice, we will become a pedant without any practical abilities.

If we just blindly engage in practice ignoring knowledge, we will turn out ignorant and stubborn in behaviors.

Life is short and old age comes soon. So treasure our time by getting up early and going to bed late.

Do not give up easily. As long as we make effort, we can emulate sages.

字词句（Chinese Characters, Words and Sentences）

❶ 浮
- 义 字形像一个人漂浮（piāofú/float）在水上，有不扎实（zhāshi/solid）、不稳定、不安全的意思。
- 词 漂浮、浮躁（fúzào/inconsistent）、浮华（vanity）
- 句 孔子说："不义而富且贵，于我如浮云。"富与贵，是人人都想要的，但是不义而富贵，在孔子看来好像天上漂浮的云。

❷ 成
- 词 变成、成为（become）；完成、成功（succeed）
- 句 "成人"的意思不仅是身体的长大，更重要的是心智品性、道德修养跟身体一起长大，那才叫真正的成人。

❸ 任
- 义 ① wilful; headstrong ② 责任（duty; responsibility）
- 词 任性（self-willed; wilful）、任何、任务（assignment）、责任
- 句 孟子说："天将降大任于斯人也，必先苦其心志，劳其筋骨，饿其体肤，空乏其身，行拂乱其所为，所以动心忍性，曾益其所不能。"就是说上天要给你大任务，让你成为大人物，一定要先让你吃苦吃苦再吃苦。苦吃够了才能承担（undertake）大责任。苦吃够了，甜也就来了。

❹ 朝⟵⟶夕(xī)
- 义 早晨⟵⟶傍（bàng）晚。
- 词 朝阳、朝气（vigor; vitality）、朝夕（day and night）
- 句 毛泽东主席说，青年人有朝气："好像早晨八九点钟的太阳。"是啊，青年人就像朝阳，代表了力量和希望。
- 多音 朝（cháo）：朝向（toward）；朝代

★ 中国房子的朝向，一般都是坐北朝南。南面朝向太阳，既温暖又明亮。

★ 中国有很多个朝代，其中汉朝和唐朝是中国历史上最伟大的两个朝代。所以华族又常常被称为"汉人"、"唐人"，海外华人住的地方常被称为"唐人街"。

猜一猜 下图是哪里的唐人街？（答案见练习册）

⑤ 眠≈睡

词 睡眠、冬眠（hibernation）

句 有人说："不会休息的人就不会工作。"也有人说："勤劳一日，可得一夜安眠；勤劳一生，可得幸福长眠。"工作和睡眠，到底(dǐ)(after all)谁为了谁呢？这是个问题。

⑥ 迟

义 ①晚。②慢。

词 迟到、迟早（sooner or later）、迟缓（slow）

句 迟到是不礼貌的行为，浪费别人的时间，也影响自己的信誉。

7 至

义 ①到。②最。

词 至今、自始至终、至善至美

句 俗话说：水至清则无鱼，人至察（examine; observe）则无友。水太清了，鱼就无法生存，要求别人太严格了，就没有伙伴（huǒbàn/fellow; friend）。还记得"难得糊涂（hútu/muddle-headed）"吗？跟人交往，大事上要清楚，小事上还是糊涂一点好。

8 惜

义 cherish

词 珍惜、爱惜、可惜、惜老怜贫（pín/poor; the poor）

句 我们要懂得珍惜朋友、珍惜时间、珍惜健康、珍惜生命。用佛家常说的两个字，就是要"惜福"。

9 暴

义 ①糟蹋（zāotà/ruin; spoil）、损害。②大、快、猛烈（měngliè/violent）。

词 自暴自弃（self-abandonment）；暴风、暴雨、暴饮、暴食

多音 暴（pù）=曝（pù）：expose to the blazing sun。

孟子说："虽有天下易生之物也，一日暴之，十日寒之，未有能生者也。"虽然是天下最容易生长的东西，如果忽冷忽热，它也不能生长。交朋友也是这样，忽冷忽热，谁跟你也处不来。学习也是一样，高兴了夜里三点不睡觉，不高兴就把学习扔在一边，肯定（kěndìng/surely）是学不好的。

❿ 弃

词 放弃（give up）、丢弃≈抛弃（pāoqì/throw away; abandon）

句 "弃"是我们这本书上讲的最后一个字，可能也是最有趣的一个字。"弃"的甲骨文是"🈚"，最下面是两只手，手上拿着一个簸箕（bòji/dustpan），簸箕里面是一个婴儿，意思是把婴儿放在簸箕里扔掉。说的是很久以前，一个女子踩到（cǎidào/step on）一个巨大的脚印，然后她就怀孕（yùn）（become pregnant）了。这件事好奇怪、好害怕、好让人不好意思。孩子生下来，这个女子马上就把孩子扔掉了。可是牛、马从孩子身旁走过都会绕开（go round），狼、狗不但不吃他，还给他奶吃。刮风下雨的时候，鸟儿们都飞下来用翅膀（chìbǎng/wing）护着他。孩子的妈妈不忍心，又把他抱了回去。因为开始要丢掉他，所以就给他起名叫"弃"。长大后，"弃"非常善于种植（zhòngzhí/to plant），很多吃的东西都是从他开始的。"弃"就是周族（the Zhou Tribe）的祖先，周族也是中华民族的主要来源。也许，就是这个"弃"字让中华民族学会了"不弃"，学会了"爱"。

补充阅读（Supplementary Reading）

立志读尽人间书

宋朝的苏东坡（pō），年轻的时候就是名人了，日子久了，有些骄傲（jiāo'ào/arrogant）。一天，苏东坡在书房门上贴（tiē/to stick）了一副（fù/a couple of）对联（couplet）：识遍天下字，读尽（jìn）人间书。

"遍"和"尽"是"全"、"完"的意思。苏东坡的父亲看了，担心儿子骄傲自满，不求上进，又怕撕（sī/rip）下对联会伤了儿子的自尊心，于是，他在对联上加了两个字：发奋识遍天下字，立志读尽人间书。

苏东坡从外面回来，看见父亲的字，心中十分惭愧，从此学习更加努力，也更加谦虚，终于成了中国历史上有名的诗人、词人、古文家、书画家。

东坡先生还是一个美食家，"东坡肉"就是他发明的一道美食。但你可不要以为他是一个馋(chán)嘴猫(greedy cat)，看看他写的诗就知道先生是一个不俗的人。做人能不俗，很难。

宁可食无肉，不可居无竹。
无肉令人瘦，无竹令人俗。
人瘦尚可肥，士俗不可医。

附录一 《新编弟子规》全文

总则

| 弟子规 | 圣人训 | 一孝悌 | 二谨信 | 三爱众 | 四亲仁 | 有余力 | 要学文 |

孝悌

父母呼	应勿缓	父母命	行勿懒	父母教	记心中	父母责	须敬听
冬则温	夏则清	晨则省	昏则定	出必告	返必面	居有常	业无变
身有伤	让亲忧	德有伤	使亲羞	亲有疾	我心忧	陪左右	照顾周
亲有过	劝使更	和我色	柔我声	亲爱我	孝何难	亲恶我	孝才贤
兄道友	弟道恭	兄弟和	孝在中	财物轻	怨何生	言语忍	怒自消
若饮食	若坐走	长者先	幼者后	待诸父	如己父	待诸兄	如己兄

谨信

凡出言	信为先	诈与妄	奚可焉	话说多	不如少	与其辩	不如默
见未真	勿轻言	知未确	勿轻传	事非宜	勿轻诺	如轻诺	进退错
步从容	立端正	揖深圆	拜恭敬	衣重洁	不重华	须合身	且称家
对饮食	勿拣择	食适可	不要多	年纪小	勿饮酒	饮酒醉	最为丑
事勿忙	忙多错	勿怕难	勿轻略	人借物	勿小气	物第二	人第一
借人物	及时还	后有急	借不难	用人物	须明求	如不问	即为偷
见人贤	则思齐	纵去远	慢慢齐	见人错	即内省	有则改	无也警

唯德学 唯才艺 不如人 当努力 己有才 勿自私 人有能 勿妒忌
闻过怒 闻誉乐 损友来 益友去 闻誉淡 闻过欣 正直士 渐亲近
无心非 名为错 有心非 名为恶 错能改 归于无 如掩饰 增一过

爱众

天同覆 地同载 凡是人 皆须爱 夸人善 是己善 扬人恶 是己恶
善相劝 德皆建 过不规 道两亏 恩要报 怨要忘 报怨短 报恩长
将加人 先问己 己不欲 即速已 要分晓 报应多 取宜少
势服人 心不然 理服人 才无言 给和取 望自大 行高者 名自高

亲仁

同是人 类不齐 俗者众 仁者稀 真仁者 人多畏 言不讳 色不媚
能亲仁 无限好 德日进 过日少 不亲仁 无限害 小人近 百事坏

学文

房室清 墙壁净 桌案洁 文具正 列典籍 有定处 读看毕 还原处
虽有急 卷束齐 有缺坏 就补之 非圣书 坏心智 读好书 心智启
读书法 有三到 心眼口 皆重要 方读此 勿慕彼 此未终 彼勿起
心有疑 随手记 向人问 求确义 宽为限 紧用功 工夫到 疑问通
不力行 只学文 长浮华 成何人 只力行 不学文 任己见 忘理真
朝起早 夜眠迟 老易至 惜此时 勿自暴 勿自弃 圣与贤 可学致

附录二 《弟子规》原文

总叙

弟子规　圣人训　首孝弟　次谨信　泛爱众　而亲仁　有余力　则学文

入则孝

父母呼　应勿缓　父母命　行勿懒　父母教　须敬听　父母责　须顺承
冬则温　夏则清　晨则省　昏则定　出必告　反必面　居有常　业无变
事虽小　勿擅为　苟擅为　子道亏　物虽小　勿私藏　苟私藏　亲心伤
亲所好　力为具　亲所恶　谨为去　身有伤　贻亲忧　德有伤　贻亲羞
亲爱我　孝何难　亲憎我　孝方贤　亲有过　谏使更　怡吾色　柔吾声
谏不入　悦复谏　号泣随　挞无怨　亲有疾　药先尝　昼夜侍　不离床
丧三年　常悲咽　居处变　酒肉绝　丧尽礼　祭尽诚　事死者　如事生

出则弟

兄道友　弟道恭　兄弟睦　孝在中　财物轻　怨何生　言语忍　忿自泯
或饮食　或坐走　长者先　幼者后　长呼人　即代叫　人不在　己即到
称尊长　勿呼名　对尊长　勿见能　路遇长　疾趋揖　长无言　退恭立
骑下马　乘下车　过犹待　百步余　长者立　幼勿坐　长者坐　命乃坐
尊长前　声要低　低不闻　却非宜　进必趋　退必迟　问起对　视勿移
事诸父　如事父　事诸兄　如事兄

附录二 《弟子规》原文

谨

朝起早　夜眠迟　老易至　惜此时　晨必盥　兼漱口　便溺回　辄净手
冠必正　纽必结　袜与履　俱紧切　置冠服　有定位　勿乱顿　致污秽
衣贵洁　不贵华　上循分　下称家　对饮食　勿拣择　食适可　勿过则
年方少　勿饮酒　饮酒醉　最为丑　步从容　立端正　揖深圆　拜恭敬
勿践阈　勿跛倚　勿箕踞　勿摇髀　缓揭帘　勿有声　宽转弯　勿触棱
执虚器　如执盈　入虚室　如有人　事勿忙　忙多错　勿畏难　勿轻略
斗闹场　绝勿近　邪僻事　绝勿问　将入门　问孰存　将上堂　声必扬
人问谁　对以名　吾与我　不分明　用人物　须明求　倘不问　即为偷
借人物　及时还　后有急　借不难

信

凡出言　信为先　诈与妄　奚可焉　话说多　不如少　惟其是　勿佞巧
奸巧语　秽污词　市井气　切戒之　见未真　勿轻言　知未的　勿轻传
事非宜　勿轻诺　苟轻诺　进退错　凡道字　重且舒　勿急疾　勿模糊
彼说长　此说短　不关己　莫闲管　见人善　即思齐　纵去远　以渐跻
见人恶　即内省　有则改　无加警　唯德学　唯才艺　不如人　当自砺
若衣服　若饮食　不如人　勿生戚　闻过怒　闻誉乐　损友来　益友却
闻誉恐　闻过欣　直谅士　渐相亲　无心非　名为错　有心非　名为恶
过能改　归于无　倘掩饰　增一辜

泛爱众

凡是人　皆须爱　天同覆　地同载　行高者　名自高　人所重　非貌高
才大者　望自大　人所服　非言大　己有能　勿自私　人所能　勿轻訾
勿谄富　勿骄贫　勿厌故　勿喜新　人不闲　勿事搅　人不安　勿话扰
人有短　切莫揭　人有私　切莫说　道人善　即是善　人知之　愈思勉
扬人恶　即是恶　疾之甚　祸且作　善相劝　德皆建　过不规　道两亏
凡取与　贵分晓　与宜多　取宜少　将加人　先问己　己不欲　即速己
恩欲报　怨欲忘　报怨短　报恩长　待婢仆　身贵端　虽贵端　慈而宽

势服人　心不然　理服人　方无言

亲仁

同是人　类不齐　流俗众　仁者希
能亲仁　无限好　德日进　过日少

果仁者　人多畏　言不讳　色不媚
不亲仁　无限害　小人进　百事坏

余力学文

不力行　但学文　长浮华　成何人
读书法　有三到　心眼口　信皆要
宽为限　紧用功　工夫到　滞塞通
房室清　墙壁净　几案洁　笔砚正
列典籍　有定处　读看毕　还原处
非圣书　屏勿视　蔽聪明　坏心志

但力行　不学文　任己见　昧理真
方读此　勿慕彼　此未终　彼勿起
心有疑　随札记　就人问　求确义
墨磨偏　心不端　字不敬　心先病
虽有急　卷束齐　有缺坏　就补之
勿自暴　勿自弃　圣与贤　可驯致

附录三　重点字字表

A		B		C		D		E		F		G		H	
爱		百	1	才		待	10	恶	8	凡	2	返	15	害	3
		拜		财		淡	15	恩	4			方	15	和	14
		报	12	常		道	14		2			浮	5	呼	15
		暴	6	晨		德	13					覆	6	坏	10
		彼	10	成		典	5					更	4	还	
		毕	15	迟	1	妒	13					功	9		3
		辩	14	传	12	端	6					恭	4		14
		补	13	从容	6							顾	3		4
		步	5									归	13		3
			13									规	8		9
													6		1
															12
															4
															2
															12
															7

J		M		R	
讳	12	略	7	缺	13
及	7	忙	7	确	5
疾	3	媚	12	然	11
记	2	眠	15	仁	1
拣	6	默	5	忍	4
建	10	慕	14	任	15
渐	9			柔	3
将	11	N			
教	2	怒	4	S	
洁	6	诺	5	色	3
紧	14			善	10
谨	1	P		伤	3
进	5	怕	7	圣	1
警	8	陪	3	士	9
居	2			势	11
具	13	Q		束	13
卷	13	齐	8	私	8
		启	13	思	8
K		起	14	俗	12
夸		气	7	速	11
亏		弃	15	随	14
懒	10	清	2	损	9
类	10	求	7		
列		取	11	T	
L		去	8	悌	1
	2	劝	3	通	14
	12				
	13				

附录三 重点字字表

W
妄 5
望 11
畏 12
闻 9

X
惜 15
稀 12
先 4
贤 3
限 12
相 10
消 4
晓 11
孝 1
信

Y
省 5
羞 11
训 12
掩 9
扬 10
揖 6
宜 5
疑 14
已 11
忧 3
幼 4
余 1
欲 11
誉 9
圆 6

怨 2
载 3
责 1
增 9
诈 10
朝 6
正 5
直 14
至 11
智 3
终 4
众 1
重 11
诸 9
6

Z
4
10
2
9
5
15
9
9
15
13
14
1
6
4

一只小小猫
(代后记)

在《新编弟子规》即将完稿的一个晚上,得到这只小小猫。我总觉得,这是上天给我和家人的礼物,女儿刚说过想要一只猫。实录在此,留做纪念。

差不多每天晚上十一点多,我从办公室出来,下楼左拐,走过停车场,再走下一个长长的坡,向左拐,再向右拐,走出学校的东大门……这是我每天走的路。一个人在夜色的陪伴下回家、洗澡、睡觉,一天一天就这样简简单单地过去。这没有什么不好,至少家人不必为我担心,不必因我而睡不着。

今天有点不同,一个女生在我前面走着,大概是因为听到了我的脚步声,低着头急匆匆地走。被当成坏人可不大好,让你有索性做坏人的冲动。不过我还是稍稍放慢了脚步,好让她成功地甩开我。

正前方就是东大门了,这时候我听到身后有一声一声的猫叫,奶声奶气,急急切切,在夜的寂静里有着特别的穿透力,像走丢了的婴儿寻找妈妈。回过头去,一只小小小小的小猫正摇摇晃晃地向我跑过来,它是要追上我,但如果我不停下来,它根本追不上的。

我蹲下,伸出手,于是它就在我的手上了。站起来,扭转身,继续我回家的路——怀里抱着这个小东西。

说"抱着"肯定是不对的,因为我只能有一个抱着的姿势。它太小了,还没有我的手掌大;它也太瘦了,抚摸它的背,滑过的是节节的脊骨。它无力地站在我的手心里,有点站不稳,我让它贴着我,好有个依靠。

　　太太还没有睡,像是等着我和小猫咪回家。"你看,我捡到的,它追着我跑……"知道她对养宠物一向不大赞成,以前说过买只小狗,被一口否决,所以一进门我就赶紧解释。"绝对应该!绝对应该!"显然,是这小东西的可怜、可爱打动了她。

　　温牛奶、煮肉片,一通忙活。小家伙真是饿坏了,肉放在手里,尖利的小牙齿咬得你生疼。它一边吃,喉咙里一边发出满足的咕噜声。俗话说:"只要能吃就死不了人。"猫也应该如此,一颗悬着的心放下来。不敢给它多吃,怕撑坏了它。

　　太太给这个家庭新成员准备了一个纸盒子,铺上柔软的垫子,还放了两个小玩具。可它不肯待在那里,委屈得很,总是"喵——,喵——"地叫着,努力地爬出来。看到小猫不肯独睡,太太把它连垫子抱上床(它实在太小了,连自己爬上来都做不到),放在我们两人中间,伸出臂弯,抚摸着小家伙的头。小猫安静地卧下来,偶尔"咪呜"一声。

　　这让我想起十七年前,我的女儿刚刚出生,也是这般景象,也是这般温馨,也是这样叫人不能忘怀的夜晚。

　　家真好,这只可怜的猫咪有了家。

后记 一只小小猫

王汉卫 jinanwhw@126.com

2011年6月30日

郑重声明

除了第二课"地图"和第六课"拜天地"两幅图片,本书所用插图均有合法来源。我们无意侵权,但一时无法联系到这两幅图的作者,请图片原作者看到后与出版社联系,谢谢!

北大版长期进修汉语教材·中华经典悦读系列

新编
弟子规

The New Enlightenment Verse for Children

王汉卫 苏印霞 主编

目 录

第一课　　总则 / 1
第二课　　孝(一)——立身之本 / 3
第三课　　孝(二)——人间大爱 / 6
第四课　　悌——兄友弟恭 / 8
第五课　　信——言必有信 / 11
第六课　　慎(一)——举止大方 / 14
第七课　　慎(二)——重人轻物 / 17
第八课　　慎(三)——见贤思齐 / 20
第九课　　慎(四)——闻过则喜 / 23
第十课　　爱(一)——隐恶扬善 / 26
第十一课　爱(二)——将心比心 / 29
第十二课　仁——仁远乎哉 / 32
第十三课　学(一)——敬惜字纸 / 35
第十四课　学(二)——治学有方 / 41
第十五课　学(三)——知行合一 / 45
参考答案 / 50

第一课
总　则

一、记一记，填一填

1. 世上万千事，文章教我们，做____第一等，读书可____身。
2. 近朱者____，近墨者____。
3. 没有____矩，不成方圆。
4. 走一走：

文	力	余	有
学	则	亲	
训	一	四	众
人		悌	
圣	规	二	三
弟	子		信

二、把下面的字按独体字、合体字分类

　　皇　严　补　无　余　俗　顺　越
　　猜　案　孔　则　阅　武　尺　华

1. 独体字：_____
2. 左右结构：_____
3. 上下结构：_____
4. 半包围结构：_____

三、看下面的字长得像不像？你都认识吗？请注音

从（　）　　朋（　）　　充（　）　　弟（　）
众（　）　　册（　）　　兄（　）　　悌（　）

等（　）　　爱（　）　　存（　）　　和（　）
符（　）　　受（　）　　孝（　）　　积（　）

黑（　）　　尊（　）　　特（　）　　克（　）
墨（　）　　遵（　）　　待（　）　　古（　）

四、用下列字组词，每个字组两个词（例如，爱：可爱、仁爱）

规：_____　_____　　训：_____　_____
孝：_____　_____　　谨：_____　_____
信：_____　_____　　仁：_____　_____

五、想一想，写一写

1. 中国有一文一武两个圣人，文圣人是孔子，武圣人是关公。你还知道哪些中国古代名人，他们是"文"还是"武"呢？写在下面的横线上，越多越好。

   文：孔子、_____、_____、_____、_____、_____
   武：关公、_____、_____、_____、_____、_____

2. 中华文化里面，做人最重要的一个字是：_____。

六、趣味作业

在电脑上输(shū)入(type)"年画"、"门神"、"年年有余"或"年年有鱼"，找一张你最喜欢的年画。

门神

第二课
孝(一)——立身之本

一、记一记,填一填

1. 父母____,____勿缓。父母____,____勿懒。父母____,____心中。父母____,____敬听。冬则____,夏则____。晨则____,昏则____。出必____,返必____。居有____,业无____。

2. 懒人懒病,无药可____。

3. 养不____,父之____;教不____,师之____。

4. ____守夜,____司晨。苟不学,曷为人。____吐丝,____酿蜜。人不学,不如____。

二、连一连

席	xiù		蜜	wù
袖	shān		却	gǒu
扇	xí		狗	mì
官	sī		勿	fēng
丝	guān		蜂	què

三、帮下面的汉字找朋友(并非一一对应)

居　固　养　乘　黄　凉　起　敬
升　昏　住　育　定　稳　恭　孝

居住_____

四、选词填空

> 答应　懒惰　勤奋　教育　牢记　负责
> 清清白白　勤

1. 父母的教导我们应该＿＿＿＿在心。
2. 父母叫我们的时候,我们应该马上＿＿＿＿。
3. 你有没有长大?好,给你一个标准(biāozhǔn/standard),就是看看自己懂不懂得＿＿＿＿。
4. 王三小很＿＿＿＿,常常考60分,可是他的哥哥王二小很＿＿＿＿,所以常常考100分。
5. 一日之计在于晨,一年之计在于春,一生之计在于＿＿＿＿。
6. 中国人常说,"十年树木,百年树人",＿＿＿＿是百年大计。
7. 做人应该＿＿＿＿,做事应该清清楚楚。

五、查词典或问老师同学,把由"勤"构成的词语写在下面横线上
勤:＿＿＿＿＿＿＿＿＿＿＿＿＿＿＿＿＿＿＿＿＿＿＿＿

六、中国海外移民(yímín/immigrant)最多的两个省是广东和福建,如果你家也是,问问你的家人,看看你的祖先是中国哪个地方的人。在地图上把它圈(quān/mark with a circle)出来,并写到下面

答:我的祖先是＿＿＿＿人。

七、扩展阅读

《三字经》(节选/excerpt)

rén zhī chū xìng běn shàn　　xìng xiāng jìn　xí xiāng yuǎn
人 之 初, 性 本 善。 性 相 近, 习 相 远。

gǒu bú jiào xìng nǎi qiān　　jiào zhī dào guì yǐ zhuān
苟 不 教, 性 乃 迁。 教 之 道, 贵 以 专。

xī mèng mǔ zé lín chù　　zǐ bù xué duàn jī zhù
昔 孟 母, 择 邻 处。 子 不 学, 断 机 杼。

dòu yàn shān yǒu yì fāng　　jiào wǔ zǐ míng jù yáng
窦 燕 山, 有 义 方。 教 五 子, 名 俱 扬。

yǎng bú jiào fù zhī guò　　jiào bù yán shī zhī duò
养 不 教, 父 之 过。 教 不 严, 师 之 惰。

zǐ bù xué fēi suǒ yí　　yòu bù xué lǎo hé wéi
子 不 学, 非 所 宜。 幼 不 学, 老 何 为。

yù bù zhuó bù chéng qì　　rén bù xué bù zhī yì
玉 不 琢, 不 成 器。 人 不 学, 不 知 义。

wéi rén zǐ fāng shào shí　　qīn shī yǒu xí lǐ yí
为 人 子, 方 少 时。 亲 师 友, 习 礼 仪。

xiāng jiǔ líng néng wēn xí　　xiào yú qīn suǒ dāng zhí
香 九 龄, 能 温 席。 孝 于 亲, 所 当 执。

róng sì suì néng ràng lí　　dì yú zhǎng yí xiān zhī
融 四 岁, 能 让 梨。 弟 于 长, 宜 先 知。

第二课

第三课
孝(二)——人间大爱

一、记一记,填一填

1. 母年一百岁,常____八十儿。
2. 好了伤疤忘了____。
3. 少壮不努力,老大____伤悲。
4. 德不孤,必有____。
5. 知____近乎勇。
6. 良药苦口利于____,忠言逆耳利于____。
7. 不听老人言,吃____在眼前。
8. 弟子不必不如师,师不必____于弟子。
9. 走一走:

身	让	亲	更	和		我	声
有			使	我	色	爱	亲
亲	羞		过	孝		我	贤
有	亲	有	亲	有		难	才
	使	伤		顾	照	亲	孝
我	心	忧		左	右		我

二、认识下面这些字吗？认识的打钩(√)，不认识的查本课课文，把拼音写在括号内

美(　　)　　品(　　)　　耳(　　)　　式(　　)　　陪(　　)
庆(　　)　　光(　　)　　厌(　　)　　良(　　)　　犯(　　)
于(　　)　　亏(　　)　　并(　　)　　另(　　)　　宽(　　)
害(　　)　　独(　　)　　龙(　　)

三、加上偏旁，变成本课的生字

丑(　　)　官(　　)　令(　　)　危(　　)　才(　　)　焦(　　)
知(　　)　欠(　　)　矢(　　)　扁(　　)　甬(　　)　匈(　　)

四、用下列字组词，每个字组两个词(例如，色：颜色、色彩)

伤：_____　　　德：_____
善：_____　　　劝：_____
柔：_____　　　贤：_____

五、趣味作业

太极拳是一种拳法，中国还有很多厉害(lìhai/amazing)的拳法，问问老师同学，或者上网查一查吧。

_____拳、_____拳、_____拳

第四课
悌——兄友弟恭

新编弟子规·练习

一、记一记,填一填

1. 兄道____,弟道____。兄弟____,____在中。财物____,怨何____。言语____,怒自____。若饮食,若坐走。长者____,幼者____。待诸父,如己父。待诸兄,如己兄。

2. 大道之行也,天下为____。

3. 礼之用,____为贵。

4. 君子爱财,取之有____。

5. 能忍自____。

6. ____于律己,____以待人。

二、找一找读音

| zhàng | liáo | shòu | hán | mái |
| xiāng | xíng | fàn | lì | lǜ |

乡(　) 瘦(　) 范(　) 形(　) 埋(　)
丽(　) 含(　) 聊(　) 律(　) 仗(　)

三、把下面的字按偏旁分类

损 温 括 呼 统 吐 传 淡 趣 赶 缓 怨
仅 伤 担 扔 捡 惊 悲 性 怪 恶 忧 吵

价 忍 怒 摘 伯 修 护 值 俏 恨 愁 愤

扌：_____

亻：_____

心：_____

纟：_____

忄：_____

走：_____

口：_____

四、选词填空

道理　温和　发财　怨天尤人　忍不住　清明节　恭敬

1. 不但对人,对万事万物我们都应该有_____心。
2. 华人过春节的时候常说"恭喜_____,红包拿来"。
3. 华人祭祖先的节日叫_____。
4. 他这个人啊,事情一做不好就要_____了。
5. 王小晴的性格特别_____,大家都很喜欢她。
6. 小红看着看着,_____哭了起来,那个故事太感人了。
7. 以理服人的意思是要讲_____。

五、查中国地图,找一找拉萨、呼和浩特在哪里;如果是自己的地图,就在地图上把它们标出来

六、扩展阅读

《道德经》(节选)

1. 柔弱胜刚强。
2. 慎终如始,则无败事。
3. 祸兮福之所倚,福兮祸之所伏。
4. 天下难事,必作于易;天下大事,必作于细。

5. 信言不美，美言不信。善者不辩，辩者不善。

6. 知人者智，自知者明；胜人者有力，自胜者强。

7. 上善若水。水善利万：一曰慈，二曰俭，三曰不敢为天下先。

8. 圣人无常心，以百姓心为心。善者吾善之，不善者吾亦善之。

第五课
信——言必有信

一、记一记，填一填

1. 走一走：

勿	轻	言	知	进	退
	传	轻	未	诺	错
未	事	勿		轻	如
见	非		勿	轻	
	与		可	奚	妄
如		如	焉	话	与
不	辩	不	多	说	诈
凡	出	言		为	先

2. 学如逆水行舟，不进则_____。

二、连一连

逐	rǎn		追	zhà
林	lín		雄	suí
染	yuē		随	biàn
约	zhú		即	xī
维	chén		辨	nuò
撒	wéi		诈	zhuī
沉	yōu		奚	jí
优	sǎ		焉	xióng
抓	zhuā		诺	yān

三、把上下两行的字搭配在一起，变成新字（如果不会，从课文注音字里找答案）

果　日　几　月　木　舌　土　其　黑　禾　石　大　亡

木　京　公　土　真　犬　甘　欠　尔　亏　马　页　女

_____颗

四、用下列字组词，每个字组两个词（例如，凡：平凡、凡是）

妄：_____　　　辨：_____

默：_____　　　确：_____

适：_____　　　诺：_____

五、查中国地图，找一找桂林、九寨沟、丽江、三亚；如果是自己的地图，就在地图上把它们标出来

六、扩展阅读

九寨沟

　　说到中国的好山好水，很多人都会想到"甲天下"的桂林，桂林的美是早就出了名的，20元人民币上的风景画就是这里。但现在要说"桂林山水甲天下"，则不一定对，因为九寨沟走进了

世人的眼睛，人们被她的美丽惊呆了。

　　不知道有多少来到九寨的人都说过这样的话："从未见过这么美的自然景观。"有人甚至说："地球上有九寨沟这样的景观，是一大奇迹（qíjì/miracle; wonder），是我们人类的一大幸运（xìngyùn/good fortune）。"

　　九寨是"童话世界"，九寨是"人间仙境"，九寨是"自然的美，美的自然"。耳听为虚（xū/false），眼见为实，来看一看九寨沟的景色吧！

第六课
慎(一)——举止大方

一、记一记,填一填

1. 步从____,立端____。揖深____,拜恭____。衣重____,不重____。须合____,且称____。对饮____,勿拣____。食适____,不要____。年纪____,勿饮____。饮酒____,最为____。

2. 人往____处走,水往____处流。

3. 站有站____,坐有坐____。

二、找一找读音

| zuì duān bài féi dié liàng qī |
| tuō yǐn zé jiǎn zhēng zhì |
| zhǐ dēng yī zhāo mèng |

拜(　　)　　登(　　)　　叠(　　)　　端(　　)

肥(　　)　　栋(　　)　　量(　　)　　梦(　　)

妻(　　)　　托(　　)　　揖(　　)　　饮(　　)

择(　　)　　招(　　)　　征(　　)　　止(　　)

制(　　)　　醉(　　)

三、选择一个偏旁，变成一个新字（并非一一对应）

    纟 米 忄 亻 女 饣 口 氵 扌 土 辶

例 次 +（ 女 ）：__姿__

    并 +（   ）：_____   屯 +（   ）：_____

    且 +（   ）：_____   扁 +（   ）：_____

    分 +（   ）：_____   荒 +（   ）：_____

    昏 +（   ）：_____   吉 +（   ）：_____

    竟 +（   ）：_____   先 +（   ）：_____

    兆 +（   ）：_____   折 +（   ）：_____

四、选词填空

    重量 整洁 不端 圆梦 从容

1. 姐姐的房间从来都整理得非常_____。
2. _____就是一个人的梦想实现了，比如张三在北京奥运会上得了金牌，就叫_____北京。
3. 王叔叔面对坏人表现得很_____。
4. 我不跟品行_____的人交朋友。
5. 重要人物VIP还可以叫_____级人物。

第六课

五、扩展阅读

中秋节

    春节是华人的最大节日，第二大节日是什么呢？对了，就是中秋节。

    中秋节又叫"八月节"、"月亮节"、"团圆节"等等，最常用的名称还是"中秋节"。因为在中国，农历(the traditional Chinese calendar)的七、八、九三个月是秋天，八月十五是秋天的中间，所以叫中秋节。八月十五的时候，天气不冷也不热，一家人团团圆圆,吃月饼、赏圆月、话家常,真是一件美事。

中秋节很久以前就有了,古代的中秋节比现在还热闹。传说宋朝的时候,人们会整晚不睡觉,一直游玩到天亮。

"海上生明月,天涯(tiānyá/the remotest corners of the earth)共此时。"中秋节的习俗不仅在中国有,还传到了朝鲜、韩国、日本、越南,这一天也是他们的节日。至于海外华人,更是少不了在中秋这一天好好地庆祝一番(fān)。

下面这副对联就跟中秋和春节有关,试试看,能不能读下来?

天上月圆人间月半月月月圆逢月半
今夜年尾明日年头年年年尾接年头

一天明月一灯红

第七课
慎（二）——重人轻物

一、记一记，填一填

1. 事勿____，忙多____。勿怕____，勿轻____。人借____，勿小____。物第____，人第____。借人物，及时还。后有急，借不难。用人____，须明____。如不____，即为____。

2. 好借好____，再借不____。

3. 求人不如求____。

4. 君子之学，唯求其____。

5. ____犹不及。

二、认识下面这些字吗？认识的打钩（√），不认识的查本课课文，把拼音写在括号内

至（　） 朗（　） 享（　） 救（　） 超（　）

闲（　） 述（　） 及（　） 麦（　） 虫（　）

三、把下面的字按结构归类

唯 恐 媚 暑 醒 繁 略 铁 露 猫 季 描 状 偷 降 限

▨▨：唯_____

▨▨：恐_____

四、用下列字组词，每个字组两个词（例如，忙：匆忙、忙里偷闲）

怕：_____　　略：_____　　还：_____

求：_____　　及：_____　　急：_____

五、"精、气、神"三个字常常一起用，在中华文化里也是非常重要的三个字，查词典，用"精、气、神"分别组词，越多越好

精：_____

气：_____

神：_____

六、"求人不如求己"，你觉得这句话好不好？你自己或家人、朋友有没有遇到这样的事情呢？请讲一讲自己或家人、朋友的故事

七、扩展阅读

老鼠嫁女

猫为什么要吃老鼠？这跟十二生肖的<u>来历</u>（origin）有关系。

传说有一年<u>玉帝</u>（the Jade Emperor; the Emperor of heaven）过生日，他让所有的动物在正月初九这天来祝寿，并<u>决定</u>（juédìng/decide）按动物们到来的先后顺序选十二种作为生肖。动物们听到消息后都很积极，这可是件大大的好事呀！

猫和老鼠那时还是邻居。大懒猫怕睡过了头，就请老鼠在正月初九那天叫醒它一同前往。老鼠嘴上说行行行好好好，可是到了正月初九清晨，却<u>悄悄</u>（qiāoqiāo/quietly）地出发了，不但没叫醒猫，还怕猫醒了呢！

老鼠在半路上遇到牛，便坐在了牛的背上，一路来到玉帝的门外，这时候来的只有它们两个。牛刚要进门，老鼠一下子从牛背上跳到了前面。就这样，老鼠得了第一名，而<u>载</u>（zài/carry）了它一路的老牛，却得到第二名。接着，虎、兔、龙、蛇、马、羊、猴、鸡、狗和猪也陆续到达了。

猫一觉醒来，发现老鼠早走了，等它到玉帝那里时，一切都晚了。从此，猫和鼠结下深<u>仇</u>（chóu/bitter hatred），看见老鼠就<u>咬</u>

（yǎo/bite）。

老鼠知道自己做得不对，想跟猫和解（reconcile），便请人说媒（shuōméi/act as matchmaker），要将自己最漂亮的女儿嫁给猫。猫像老鼠一样，嘴上说行行行好好好，满口答应下来。于是老鼠选了一个好日子，把女儿送到猫的家。可谁知道，这个打扮（dǎbàn/make up）得漂漂亮亮的鼠姑娘一来，就被猫"啊——呜——！"一口吃掉了。唉！这个坏猫，也太过分了吧！

十二生肖

鼠　　　牛　　　虎

兔　　　龙　　　蛇

马　　　羊　　　猴

鸡　　　狗　　　猪

第八课
慎(三)——见贤思齐

一、记一记,填一填

1. 三思而后____。
2. 人心____,泰山____。
3. 圣人无____师。
4. 将相本无____,男儿____自强。
5. 走一走:

	艺	人	有	忌
唯	不	自	勿	妒
学		人	勿	有
		唯	努	力	己
也		纵	思	则
无	改	去	远	慢
有	则		人	慢	人
	内	即	见	齐	见

二、认识下面这些字吗？为它们找出正确的拼音

| jiàn | jù | chá | sī | yí | rù | pái | dù |
| tì | jì | fǒu | qiáng | jǐng | zòng |

替（　）　否（　）　强（　）　警（　）　察（　）
妒（　）　忌（　）　距（　）　入（　）　键（　）
牌（　）　移（　）　私（　）　纵（　）

三、加上偏旁，变成新字（如果不会，从第二题找答案）

纟　女　禾　钅　弓　片　心　言　宀

例　从 +（纟）：纵

户 +（　）：_____　　　敬 +（　）：_____
祭 +（　）：_____　　　建 +（　）：_____
虽 +（　）：_____　　　卑 +（　）：_____
多 +（　）：_____　　　己 +（　）：_____

四、选词填空

前思后想　齐名　才能　隐私　警惕

1. 超人就是有超常_____的人。
2. 翻看别人的日记就是不尊重别人的_____。
3. 君子慎独，我们应该_____自己的内心，不要有不好的想法。
4. 这件事他_____了好久，觉得这样做不合适。
5. 中国历史上，跟《孟姜女哭长城》_____的爱情故事，还有《白蛇传》、《天仙配》和《梁山伯与祝英台》。

五、扩展阅读

孟姜女庙

中国的爱神神庙就是孟姜女庙,修建于明朝,至今已有四百多年的历史。孟姜女庙前有一副对联,被称为"天下第一奇联"。试试看,你能不能读下来?

海水朝朝朝朝朝朝朝落
浮云长长长长长长长消

提示:"朝"在这里有两个音两个义:一个是zhāo,早上的意思;一个是cháo,<u>潮汐</u>(cháoxī/tide)的意思。"长"在这里也有两个音两个义:一个是zhǎng,"生长"的"长";一个是cháng,"常常"的"常"。

愚公移山

《愚公移山》是一个两千多年前的<u>寓言</u>(yùyán/fable)故事。这个故事里有两位老头:一位叫愚公,愚就是<u>傻</u>(shǎ/silly),愚公就是傻老头;另一位叫智叟(Zhìsǒu),智就是聪明,智叟就是聪明的老头。

当代愚公

愚公搬山的时候,智叟来了,他说:"愚公啊愚公,你也太傻了,傻得简直没法说。你一个老头子,都快九十岁了,还能活几天?搬山?可能吗?"愚公回答说:"虽我之死,有子存焉;子又生孙,孙又生子;子又有子,子又有孙;子子孙孙无穷尽也,而山不加增,何苦而不平?"傻公公的回答让聪明老头不知道说什么了。

结果呢,玉帝听说了这件事,愚公的精神让他好感动,就<u>派</u>(pài/send)了两个大力<u>神</u>(god)把愚公门前的两座大山<u>背</u>(bēi/carry)走了。

想一想:搬家比搬山不是容易得多吗?愚公是不是真的很傻?我们应该学习愚公什么呢?

第九课
慎(四)——闻过则喜

一、记一记,填一填

1. 谦受____,满招____。
2. 五岳归来不看山,黄山归来不看____。
3. 人非____贤,谁能无____?
4. 走一走:

闻	过		无	心	过
	来	闻	亲	恶	名	一
友	友	渐		名	为
去	损	乐	能	非		饰
闻	闻	过	直	改	心	有
誉			正		于	无	如

二、找一找读音

jiàn	quē	shǔ	zhōng	mà	róng
shuài	jiǎn	wāi	shǎ	duī	xū
bí	xīn	yǎn	shì	yù	

终（　　）　饰（　　）　渐（　　）　属（　　）　骂（　　）

缺（　　）　傻（　　）　荣（　　）　率（　　）　堆（　　）

虚（　　）　减（　　）　鼻（　　）　誉（　　）　掩（　　）

歪（　　）　欣（　　）

三、加上几笔，变成新字，看谁变的多

斤：_____

令：_____

皿：_____

四、用下列字组词，每个字组两个词（例如，誉：信誉、荣誉）

石：_____　_____　　奖：_____　_____　　士：_____　_____

五、扩展阅读

扁鹊看病

西方人生病了去"看医生"，而中国人却说"看病"。读了下面的故事，你就知道是为什么了。

扁鹊(Biǎn Què)是古时候有名的神医。有一个国王觉得自己身体很好，请扁鹊来，也只是想听扁鹊说他身体好。谁知道扁鹊说："大王，您皮肤(pífū/skin)里有病，不治(treat)会加重。"国王说："我没有病。"扁鹊走后，国王对旁边的人说："这个扁医生，喜欢给没有病的人治病。"过了十天，扁鹊又去见国王，说："您的病已经到了肌肉(jīròu/muscle)里，再不医治的话会更严重。"国王听了很不高兴。又过了十天，扁鹊又见国王，说："您的病已到了肠胃(chángwèi/intestines and stomach)，再不医治，只

怕更加严重。"可国王还是不听扁鹊的话,扁鹊只好又走了。又过了十天,扁鹊见到国王,坐了一小会儿,什么也没说就走了。

国王觉得很奇怪,派人去问他为什么。扁鹊说:"皮肤里的病,肌肉里的病,肠胃里的病,我都有办法医治。可是国王的病现在已经到了骨头(gǔtou/bone)里,骨头里的病,我就没办法了。所以我也就不再请求给他治病了。"又过了五天,国王身体疼痛,派人去找扁鹊,可是扁鹊已经逃到别的国家去了。没多久,国王就死掉了。

你们看,扁鹊的眼睛有多厉害——这哪里是眼睛?简直就是X光嘛。一望而知,这就叫"神(miraculous)"。

扁 鹊

(据《韩非子·喻老》)

思考题
1. 为什么国王说扁鹊喜欢给没有病的人治病?
2. 我们要怎样对待(treat)别人的建议?

第十课
爱(一)——隐恶扬善

一、记一记,填一填

1. 天同____,地同____。凡是人,皆须爱。____人善,是己善。____人恶,是己恶。善相劝,____皆建。过不规,____两亏。恩要报,怨要忘。报怨____,报恩____。

2. 说出来的话,泼出去的____。

3. 为人不做亏心事,不怕半夜____叫门。

4. 积善之家,必有余____。

5. 钱多正好行善,只要能积能____;积善也如积钱,一文凑成一串。

6. 勿以恶小而为之,勿以善小而不____。

7. 不为良____,但为良____。

8. 生子方知父母____。

9. 善有善报,恶有恶报,不是不报,时辰未到,时辰一到,一切____报。

二、认识下面这些字吗?认识的打钩(√),不认识的查本课课文,把拼音写在括号内

覆(　) 载(　) 某(　) 味(　) 杀(　)
恩(　) 皆(　) 善(　) 袋(　) 俱(　)
剧(　) 军(　) 狼(　) 飘(　) 波(　)
扑(　) 摔(　) 套(　) 逃(　) 尾(　)
筑(　) 宣(　) 战(　) 鬼(　) 引(　)

三、加上几笔，变几个新字

欠：_____ _____ _____ _____

木：_____ _____ _____ _____

土：_____ _____ _____ _____

四、选词填空

　　覆水难收　　载歌载舞　　友善　　相生相克　　宣扬　　感恩

1. 大家_____庆祝节日。
2. 金木水火土_____，互为因果。
3. _____是一种生活态度，学会_____的人，不会为自己没有得到的而斤斤计较，而会为自己已经得到的心存感激。
4. 俗话说_____，你已经答应人家，现在说"不"已经晚了。
5. 俗话说："来说是非者，必是是非人。"喜欢到处_____别人的不好，这样的人也不会是好人。
6. 他一向对人_____，不图回报。

五、查中国地图，找找成都和开封；如果是你自己的地图，就把它们标出来。如果将来有机会去这两个地方，一定别忘了去看看诸葛亮（成都武侯祠）和包大人（开封包公祠）

六、扩展阅读

"开——呀——铡——"

　　包丞相有三口铡刀（zhádāo/fodder chopper）：龙头铡用于铡（chop）皇上的亲戚，虎头铡用于铡官员，狗头铡用于铡一般百姓。铡皇上的亲戚？这可能吗？在包丞相那里完全可能，"王子犯法，与庶（shù）民同罪"。庶民就是老百姓，这两句话的意思是："就是王子犯了法，也跟老百姓一样治罪。"传统戏剧《铡美案》就是这样一个故事。

　　有一个书生叫陈世美，读书很用功，十年寒窗，中了状（zhuàng）元（最高考试的第一名），而且还交了桃花运，做了驸

(fù)马（公主的丈夫）。

在千里之外的老家，陈世美还有个太太叫秦香莲(Qín Xiānglián)。陈世美走后，秦香莲照顾一家老小，一等好几年，没有陈世美的一点消息(xiāoxi/news)。后来公公婆婆先后去世，香莲就带着儿女进京寻夫。

山迢迢，水迢迢，一路千辛万苦，终于来到京城。来到京城的第一天，香莲就听说陈世美已经做了驸马，于是他们母子三人找到了驸马府(fǔ/official residence)。陈世美看到他们，说："你们是谁呀？我不认识。来人！给我赶出去！"

后来，包大人听说了这件事，就劝陈世美认下她们母子，可是陈世美非但不认，还派韩琦(Hán Qí)追杀(zhuīshā/chase and kill)他们。韩琦可没有陈世美那么坏，面对可怜的母子三人，他实在下不去手。没办法，韩琦只好自杀，并让秦香莲拿着这把驸马府的刀找包大人告状(sue)。

包大人愤怒(fènnù/get rageous)了："呀呀呸！好你个陈世美！杀妻灭子良心丧，逼死韩琦在庙堂。若是今天不杀你，天上日月都无光！呀！呀！呀！哇——呀——呀——呀！"

陈世美是驸马，杀了陈世美，公主就没了丈夫。听说包大人要杀驸马，公主、皇后都跑来阻止(zǔzhǐ/stop)。

但是，包大人就是包大人：

"刽(guì)子手(executioner)！开——呀——铡——！"

包公铡美图

思考题

1. 陈世美为什么要追杀他的妻子？
2. 你觉得包拯是个怎样的官员？

第十一课
爱(二)——将心比心

一、记一记,填一填

1. 善欲人见不是____善,恶恐人知便是____恶。
2. 欲速则不____。
3. 学不可以____。
4. ____有所短,____有所长。
5. 己所不____,勿____于人。
6. 知其____,知其所以____。
7. 走一走:

将	先		己	不	然
	人	不	己		
速	即		服	人	服
	宜	少		才	人
给		多	言	无	高
和	给	应	才		自
		者		者	
要	分		自	大	行

二、加上几笔，变几个新字

日：_____

口：_____

目：_____

三、请将下列汉字与相应的拼音连起来

脾　　zhí　　　　　款　　shī
显　　sù　　　　　施　　kuǎn
执　　xiǎn　　　　牵　　mián
速　　pí　　　　　眠　　qiān
匹　　cùn　　　　烈　　yù
寸　　pǐ　　　　　欲　　liè

四、用下列字组词，每个字组两个词（例如，将：将要、将来）

咬：_____　　已：_____　　取：_____

晓：_____　　势：_____

五、查词典或问师长同学，把由"龙"组成的词语写在下面（例如：龙凤呈祥、龙飞凤舞、卧虎藏龙等）

_____　_____　_____　_____

六、扩展阅读

唐诗三百首

在课文里，我们学习了唐诗《春晓》："春眠不觉晓，处处闻啼鸟，夜来风雨声，花落知多少。"这是多么美的一幅春天画卷，也是多么动听的一首春之声。

唐诗又多又好，流传到今天的也有五万首。《春晓》的作者是孟浩然，下面我们来欣赏王维、李白、张继这三位大诗人的作品。

杂 诗
王 维

君自故乡来,应知故乡事。
来日绮窗前,寒梅着花未?

注释:①绮(qǐ),有花纹,gorgeous。绮窗,就是刻(carve)了花纹的窗户。②寒梅:梅花是最早开的花,开花的时候天气还很冷,所以说"寒梅"。③着(zhuó)花未:开花了没有。

评论:故乡那么美,叫人想家。

枫桥夜泊
张 继

月落乌啼霜满天,江枫渔火对愁眠。
姑苏城外寒山寺,夜半钟声到客船。

注释:①乌(wū):一种鸟。②霜(shuāng):frost。"霜满天"的意思是空气很冷。③江枫:江边的枫树。④渔火:夜里渔船的灯火。⑤眠(mián):睡觉。⑥姑苏:今天的苏州。⑦寒山寺:苏州有名的寺庙。

评论:像梦一样朦胧(ménglóng/dreamy)、美妙。

早发白帝城
李 白

朝辞白帝彩云间,千里江陵一日还。
两岸猿声啼不住,轻舟已过万重山。

注释:①白帝,江陵(líng):地名,在长江边上。②猿(yuán/ape):猴子。③啼(tí):叫。④舟(zhōu):船。

评论:一个字——爽(shuǎng)!

三峡图

第十二课
仁——仁远乎哉

一、记一记,填一填

1. 同是人,类不____。俗者众,仁者____。真仁者,人多畏。____不讳,____不媚。能____仁,无限好。德日____,过日____。不亲仁,无限害。小人____,百事____。

2. ____君子,____小人。

3. 读书百____,其义自____。

4. 后生可____。

二、认识下面这些字吗？认识的打钩(√),不认识的查本课课文,把拼音写在括号内

稀(　　) 讳(　　) 类(　　) 保(　　) 臭(　　)
具(　　) 割(　　) 虎(　　) 辉(　　) 郊(　　)
怜(　　) 临(　　) 密(　　) 线(　　) 熊(　　)
奇(　　) 穷(　　) 绕(　　)

三、选词填空(并非一一对应)

　　种类　稀缺　生畏　敬畏　有限　无限　伤天害理

1. 地球上最不_____的就是人,而真正的人才却永远是一种_____资源。

2. 人做了_____的事,一定会遭到报应。

3. 蛇是一种令人_____的动物。

4. 生命是_____的，但我们对生命的热爱是_____的。

5. 世界上现有的动物_____有150万，而已经灭绝的动物有700万。

6. 我们应该永远对自然保持_____心，这样才能更好地保护我们生活的环境。

四、扩展阅读

数字诗

数字可以说是世界上神奇的事物之一，下面是几首数字诗，相信你一定喜欢。

先来看一首宋朝人邵(Shào)康节写的数字诗：

山村咏怀

一去二三里，烟村四五家。
亭台六七座，八九十枝花。

一共20个字，却用了10个数字，还写出了一路上的景色，这真叫一个绝！

纪晓岚(Jì Xiǎolán)是清代有名的才子，数字诗写得也非常好，我们来欣赏两首。

传说乾隆(Qiánlóng)皇帝看见片片雪花飞落的雪景，忽然想做诗，随口说道：一片一片又一片。第一句说出来，第二句却不知道说什么，可也不能不说——那多不好意思。于是乾隆皇帝就只好瞎说(xiāshuō/talk at random)了："两片三片四五片，六片七片八九片。"说到这里实在说不下去了，这哪里是做诗？分明就是数数嘛！乾隆皇帝的脸都红了。这时站在旁边的纪晓岚接了一句："飞入芦花(lúhuā/reed catkins)都不见。"芦花是白色的，雪花飞进去当然看不见。这最后一句帮了皇上的忙，让数数数成了一首好诗。

一片一片又一片，两片三片四五片，
六片七片八九片，飞入芦花都不见。

纪晓岚还写过一首诗,28个字里面用到了10个"一",读来也非常有趣:

一蓑一笠一渔舟,一个渔翁一钓钩。
一拍一呼还一笑,一人独占一江秋。

一人独占一江秋

这首诗写一个钓鱼(diàoyú/fishing)的老翁(wēng)(老头),戴(dài/wear)着蓑笠(suōlì/straw or palm-bark rain hat),一个人在江上钓鱼,钓到鱼后拍手而笑。一幅栩(xǔ)栩如生(vivid)的渔翁垂钓图就在眼前了。

怎么样,有趣吗?要不要试一试?

第十三课
学(一)——敬惜字纸

一、记一记,填一填

1.
　　　　读____书,心智____。
　非____书,____心智。

　　有缺坏,就补之。
　虽有急,卷束齐。

　　读看毕,还原处。
　列典籍,有定处。

　　桌案____,文具____。
房室____,墙壁____。

2. 我爱我师,我____爱真理。

3. 开____有益。

4. 船到江心补漏____。

5. 吃一堑,长一____。

6. 智者千虑,必有一____;愚者千虑,必有一____。

二、认识下面这些字吗？读一读，每行里都有一个注音是错误的，把错的那个找出来，并对照课本查一查，在每行后面的横线上改过来

启(qǐ)	沙(shā)	幅(fú)	断(duàn)	证(zèng)	_____
币(bì)	序(xù)	混(kūn)	供(gòng)	策(cè)	_____
籍(jí)	笨(bèn)	抄(shāo)	折(zhé)	虑(lǜ)	_____
毕(huá)	竹(zhú)	捆(kǔn)	刷(shuā)	捧(pěng)	_____
卜(pǔ)	印(yìn)	寻(xún)	列(liè)	卷(juǎn)	_____
朴(bǔ)	版(bǎn)	费(fèi)	柴(chái)	盘(pán)	_____
壁(bì)	队(duì)	漏(lòu)	造(gào)	置(zhì)	_____

三、看看下面的这些字可以与方框里的偏旁或字组成新字吗？试一试把你组成的新字写出来，并在课文里查一查它们怎么读（如果不会，从第二题找答案，并非一一对应）

巾　纟　扌　贝　氵　辶　皿　耳　反　此　四

木（　）　少（　）　弗（　）　告（　）　安（　）
困（　）　奉（　）　直（　）　黾（　）　总（　）
畐（　）　舟（　）　片（　）　昆（　）

四、用下列字组词，每个字组两个词（例如，束：束缚、拘束）

启：_____　　智：_____　　缺：_____
毕：_____　　列：_____　　具：_____

五、在本课的字词句里面，我们学到了两个词："舒服"和"束缚"，这两个词的读音声调相似，可是意义却完全不同。朗读下列词语，读准它们的声调

人物/任务　联系/练习　哪里/那里　年级/年纪　主意/注意
时间/实践　东西/东西　杯子/被子　操场/草场　打算/大蒜
大家/打架　哥哥/个个　故事/股市　何时/合适　机器/极其
集合/几何　教师/教室　结果/借过　进去/进取　可是/课时

六、扩展阅读

字的变身

汉字,从产生到现在有几千年了,从古至今,它的外形发生了不小的变化。甲骨文、金文、篆书可以算做汉字的童年、少年、青年,又叫古文字。隶书、楷书、行书、草书可以算做成年的汉字,也就是今文字。

1. 甲骨文(大约3000多年)

甲骨文是已发现的最早的古代汉字。从1899年发现甲骨文到现在,已经分辨出4500多个甲骨文,其中已经认读出来的有2500个左右。甲骨文的发现,让我们知道了很多商朝的事情,例如商王武丁的王后妇好是一位了不起的女将军,比1000多年以后的女将花木兰还花木兰呢,真真说明了"谁说女子不如男"。

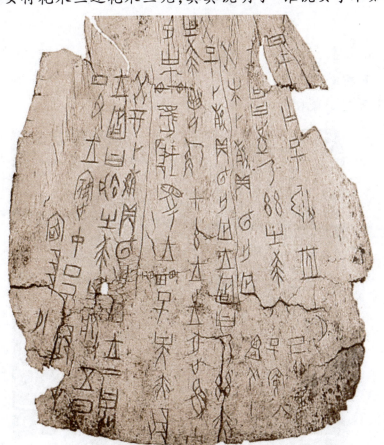

2. 金文（约2500年前）

金文是周朝的文字，因铸刻于钟鼎之上，也叫钟鼎文。

3. 篆书（约2200年前）

秦朝统一中国后实行了"书同文"，秦朝丞相李斯简化前朝文字而制小篆（之前的叫大篆）。

4. 隶书(约2000年前)

隶书是汉朝的主要字体，所以又常常说"汉隶"。

5. 楷书、行书、草书(约1800年前)

汉朝末年，开始有了楷书、行书、草书。有了楷书，汉字才算是真正长大了。楷书就是你现在正在看着的字体。行书是为了书写的方便，跟楷书差不多，中国人写字一般都是写行书。草书则几乎完全成了一门艺术。虽然世界各国都会有文字的书写法，但书法能作为一门艺术，也许只有汉字吧？在课本里，我们知道了文圣人孔子，武圣人关公，提到书法艺术，我们还应该知道另一个圣人，他就是东晋(Jìn)时期的书圣——王羲(xī)之(公元303—361年)。

王羲之行书

浙江绍兴书圣祠

第十四课
学(二)——治学有方

一、记一记,填一填

    1. 读书法,有三到。_____,皆重要。方读____,勿慕____。此未____,彼勿____。心有疑,随手记。向人问,求____义。____为限,____用功。工夫到,疑问____。

    2. 临渊____鱼,不如退而____网。

    3. 临时____佛脚。

二、连一连,组成新字,并把新字和它的拼音写在前面的横线上(如果不会,从第三题找答案)

    1. _____　亻　　同
    2. _____　辶　　它
    3. _____　氵　　子
    4. _____　钅　　印
    5. _____　木　　余
    6. _____　艹　　原
    7. _____　虫　　王

三、认识下面这些字吗？请在方框里选择正确的拼音填在相应的括号里，其中有两个是多余的

```
yuán  xiàn  shé  lǐ  yǎng  fàn  fó  tóng
mù  níng  wǎng  nòng  yí  tú
```

途（　）　网（　）　源（　）　美（　）　疑（　）
弄（　）　仰（　）　泛（　）　佛（　）　铜（　）
慕（　）　蛇（　）

四、选词填空

```
孔方兄　羡慕　仰慕　善始善终　起步　入乡随俗
```

1. "万事开头难"，这句话的意思是什么事情在_____阶段都不容易。
2. "虎头蛇尾"的反义词是_____。
3. 孔子是一个令人_____的伟人。
4. 每到一个新地方都要尊重当地的风俗，这就叫_____。
5. 王小红的学习成绩令人_____。
6. 中国古代铜钱的小名叫_____。

五、扩展阅读

钱的变身

俗话说："钱不是万能的，没有钱是万万不能的。"钱这个东西，我们一天也离不开它，但最早并没有钱，那时候是物物交换，比如拿一头牛换五只羊，一只羊换二十只鸡……这当然不方便。

为了解决这些麻烦，慢慢地就有了相当于钱的东西，在中国，这个东西就是"贝"。贝作为钱，从四千多年前一直用到两千多年前，所以汉字中和财富有关的字大多与"贝"字有关。

如：贤（xián）、贵（guì）、贱（jiàn）、资（zī）、财（cái）、账（zhàng）、贪（tān）、贫（pín）、货（huò）、贺（hè）、赏（shǎng）、赚（zhuàn）、赠（zèng）、购（gòu）等。

再后来，由于贝壳易碎而不易得，人们又用金属来铸造钱币。中国是世界上最早用金属铸造钱币的国家，所以"钱"字是"钅（金）"字旁，金、银、铜、铁都曾作为钱币来使用，甚至到今天也还在用，只不过用得少了。

金属钱币的最大问题是太重，带着不方便，所以在北宋时期就出现了纸币，当时人们叫它"交子"。交子是世界上最早的纸币。

纸币的出现大大方便了人们的生活，因而一直使用到现在。新中国政府发行的纸币叫"人民币"。下面是现在正在使用的人民币，这些钱在中国可以买20斤上好的苹果哦。

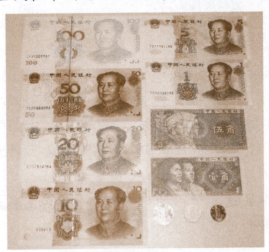

人民币图

读书的方法

这里说的是为知识而读书的方法，不是为考试而读书的方法。为知识而读书可以帮助考试，为考试而读书却<u>未必</u>(not necessarily)可助知识的增长。实用的读书方法，若能习惯运用，不但可以减轻考试的<u>压力</u>(yālì/pressure)，更对知识的增长<u>事半功倍</u>(get twice the result with half the effort)。

1. 以理解代替记忆

很多人都知道明白了的东西比较容易记忆,道理很简单,明白了的东西就不用死记。

2. 注意力集中(concentrate)才有兴趣

认为读书时间不够的学生都是因为注意力不够集中。任何科目(subjects),只要你能集中注意力,兴趣便会产生,有了兴趣自然会读得更好。

3. 问比答重要

"学"而不"问",哪来"学问"呢?很多学生担心老师或同学认为他问得太浅,所以怕发问。从来没有问题是太浅的,正相反,有很多重要的发现都是由几个浅而又浅(very shallow; very simple)的问题问出来的。孔子说得好:"知之为知之,不知为不知,是知也!"要分清楚"知"与"不知",而不是"浅"与"不浅"。"浅"还不会,就更有问的必要。问题可分三类:①是什么;②为什么;③怎样办。

4. 书分三读

书要分三读:第一读是快读,读大意(general idea);第二读是慢读,读细节(details);第三读是选读,读重点。有的书只需读大意,有的书要读细节,有的书则要读了再读。另外,不是什么书都有阅读的价值,选书极其重要。

只要养成这些读书的好习惯,你定会发现读书的乐趣,也定会收到读书的效果(xiàoguǒ/effect)。

(据 http://blog.sina.com.cn/s/blog 47841at7010002r6.html

张五常《读书的方法》)

第十五课
学(三)——知行合一

一、记一记,填一填

1. 不____行,只学文。长____华,成何人。只力行,不学文。____己见,____理真。朝起早,夜眠迟。____易至,____此时。勿自____,勿自____。圣与贤,可学____。

2. 不____而富且贵,于我如____云。

3. 勤劳一____,可得幸福长____。

4. 水至清则无____,人至察则无____。

二、认识下面这些字吗?读一读括号里的拼音,有5个是错误的,请找出来并改正在下面的横线上。不认识的查本课课文

浮(fú)	暴(bào)	惜(xī)	弃(qì)	致(zì)
底(dǐ)	傍(pàng)	翅(chì)	膀(bǎng)	踩(cǎi)
傲(ào)	副(fù)	糊(hú)	伙(huǒ)	际(jì)
坡(pō)	偏(piān)	撕(shī)	贴(tiē)	骄(jiāo)
尽(jìng)	肯(kěn)	糟(zhāo)	扎(zhā)	涂(tú)
植(zhí)				

1. _____ 2. _____ 3. _____ 4. _____ 5. _____

三、加上几笔,变成新字(如果不会,从第二题找答案)

支(   )　火(   )　皮(   )　示(   )　乔(   )

昔(   )　直(   )　采(   )　扁(   )　胡(   )

敖（　） 旁（　） 曹（　） 斯（　） 至（　）

四、用下列字组词，每个字组两个词（例如，迟：迟到、迟缓）

暴：_____　　惜：_____　　朝：_____

成：_____　　浮：_____　　任：_____

五、扩展阅读

大禹治水（大约4000年前）

传说很久以前的西方发过大洪水，真是巧了，在中国的传说里，差不多相同的时间也是一样。

洪水滔天的时候，国王舜（Shùn）派鲧（Gǔn）治水，鲧就偷了天帝的息壤（xīrǎng）用来治水。息壤是可以生长的土，扔下一小块在水里面，它就长啊长啊，越长越大，长出土地来。可是这样把水又挤到别处了，显然，堵（dǔ/stop up）不是一个好方法。

鲧治水无果，还犯有偷窃（tōuqiè/steal）的罪，被火神杀死。鲧死后三年，从他的肚子里面走出了他的儿子禹（Yǔ）。禹子承父业，继续治水。禹的方法跟老爸

大禹治水图

不同。他认真研究水的流向，采取了"导"的方法。相传大禹治水很忙，都三十多岁了，还没结婚；后来婚是结了，可是忙得"三过家门而不入"，甚至儿子出生他都没时间回家看看。就这样，整整忙了十三年，开了九条河，终于把洪水引向了大海，人民又可以安居乐业了。

禹治水有功，舜死后，大家就推举禹做了王。

唐僧取经(公元627—646)

唐朝是中国历史上最伟大的朝代,唐朝也出了一位中国历史上最了不起的大英雄、大使者、大和尚——他就是三藏法师。

很多中国人小时候大概都念过下面的儿歌:

唐僧骑马咚那个咚,后面跟着个孙悟空。
孙悟空,跑得快——!后面跟着个猪八戒。
猪八戒,鼻子长——!后面跟着个沙和尚。
沙和尚,挑着箩——!后面跟着个老妖婆。
…… ……

在神话小说《西游记》里面,唐僧取经时有三个本领高强的弟子保护着,就算这样,还经过了九九八十一难。在真实的历史上,公元627年,唐僧一个人从长安出发,历时数年,走了五万里,经过十几个国家,高山、大河、沙漠、森林,九死一生,千辛万苦,才到达天竺(zhú)国,这苦这难哪里能数得完啊?

在天竺国,唐僧用功学习语言,学习佛法,一转眼十多年过去了,他终于成为一个有名的高僧大德。646年,唐僧回到长安,并带回了657部佛经。回到长安后,他谢绝了皇上让他还俗当官的<u>邀请</u>(yāoqǐng/invitation),专心翻译佛经。

三藏法师是大英雄——他一个人战胜了那么多苦难,是不是大英雄呢?是大使者——他把中国的文化带到了印度,把印度的文化带回了中国,是不是大使者呢?是大和尚——他无所畏惧,也能经受任何<u>诱惑</u>(yòuhuò/temptation),一心向佛,是不是大和尚呢?

唐僧(602年—664年),俗姓陈,河南洛阳人,父母早亡,13岁出家。

三藏法师

郑和下西洋（公元1405—1433）

郑和（1371年—1433年），本姓马，小名三保，回族，明朝航海（hánghǎi/voyage）家。曾经带领船队七次下西洋，同三藏取经一样，这一壮举也是前无古人，后无来者。

航海次数：七次。

时间：公元1405—1433年。

船员人数：每次在27000人以上。

船只数量：每次在240艘以上。

船只大小：最大的船长150多米，宽60多米，高4层。

访问国家：30多个。

到达地区：东南亚、南亚、阿拉伯、红海、东非。

郑和下西洋路线图

郑和下西洋，创下了很多当时的世界之最，例如人最多、船最大、走得最远、时间最长、目的最友善。郑和下西洋，不是为了强占土地和财富。航行目的是外交为主、顺带做生意。

第一次下西洋时，到达爪哇岛上的一个国家。当时，这个国家的东王和西王正在打仗。郑和船队的一些人到集市上做生意，被西王误认为是帮助东王的军队，船员被杀一百七十人。一般说来,这必然会引发一场大规模战斗。然而,郑和不但接受了西王的道歉,还回绝了西王给的黄金。郑和的做法让西王十分感动,两国从此和睦相处。

郑和在处理"爪哇事件"上,传播了和平,传播了"以和为贵"的中华文明。印尼爪哇岛上现在还有"三保公"庙,当地华人都以郑和为骄傲。

参考答案

第一课

"猜一猜"答案:"森"形容树木多,"鑫"形容财富兴盛。

一、1. 人,立 2. 赤,黑 3. 规 4. 略

二、1. 独体字:严 无 武 尺 2. 左右结构:补 俗 顺 猜 孔 则
   3. 上下结构:皇 余 案 华 4. 半包围结构:越 阅

三、从(cóng) 朋(péng) 充(chōng) 弟(dì)
   众(zhòng) 册(cè)   兄(xiōng) 悌(tì)

   等(děng) 爱(ài)   存(cún)   和(hé)
   符(fú)   受(shòu) 孝(xiào) 积(jī)

   黑(hēi)   尊(zūn) 特(tè)   克(kè)
   墨(mò)   遵(zūn) 待(dài)   古(gǔ)

四、规:规定 规矩   训:教训 训练   孝:孝道 孝顺
   谨:严谨 谨慎   信:信任 相信   仁:仁爱 仁慈

五、1. 文:孔子、老子、司马迁、李白、杜甫、苏轼、李清照
      武:关公、廉颇、项羽、关公、张飞、花木兰、岳飞
   2. 孝

第二课

一、1. 略 2. 医 3. 教,过,严,惰 4. 犬,鸡,蚕,蜂,物

二、

三、居住　固定　养育　乘凉　黄昏　升起　恭敬　稳定

四、1.牢记　2.答应　3.负责　4.懒惰,勤奋　5.勤　6.教育
　　7.清清白白

五、勤劳　勤奋　勤快　勤俭　勤恳　勤学苦练　出勤

第三课

"猜一猜"答案：中国人喜欢用"万象更（gēng）新"这几个字来迎接更（gèng）美好的一年。

一、1.忧　2.疼　3.徒　4.邻　5.耻　6.病,行　7.亏　8.贤　9.略

二、美(měi)　品(pǐn)　耳(ěr)　式(shì)　陪(péi)
　　庆(qìng)　光(guāng)　厌(yàn)　良(liáng)　犯(fàn)
　　于(yú)　亏(kuī)　并(bìng)　另(lìng)　宽(kuān)
　　害(hài)　独(dú)　龙(lóng)

三、丑（羞）　官（管）　令（邻）　危（跪）　才（财）　焦（瞧）
　　知（智）　欠（软）　矢（疾）　扁（骗）　甬（勇）　匈（胸）

四、伤：伤心　伤害　　德：品德　美德　　善：善良　善心
　　劝：劝导　劝说　　柔：温柔　柔情　　贤：贤良　贤德

五、太极拳、咏春拳、长拳

第四课

一、1.略　2.公　3.和　4.道　5.安　6.严,宽

二、乡(xiāng)　瘦(shòu)　范(fàn)　形(xíng)　埋(mái)
　　丽(lì)　含(hán)　聊(liáo)　律(lǜ)　仗(zhàng)

三、扌：损、括、担、扔、捡、摘、护　　亻：传、仅、伤、价、伯、修、值、俏
　　心：怨、悲、恶、忍、怒、愁　　　　纟：统、缓

忄:惊、性、怪、忧、恨、愤　　氵:温、淡
走:趣、赶　　　　　　　　　　口:呼、吐、吵

四、1. 恭敬　2. 发财　3. 清明节　4. 怨天尤人　5. 温和
　　6. 忍不住　7. 道理

第五课

"猜一猜"答案:沉默是金。

一、1. 略　2. 退

二、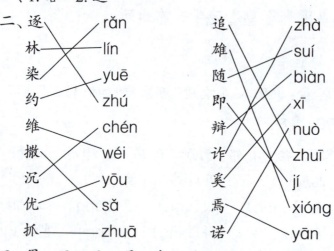

三、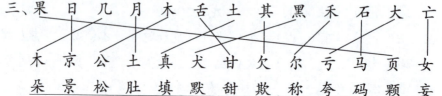

四、妄:妄想　狂妄　　辩:辩论　狡辩　　默:默读　默默无语
　　确:确实　的确　　适:适当　适合　　诺:诺言　守诺

第六课

一、1. 略　2. 高,低　3. 相,相
二、拜(bài)　登(dēng)　叠(dié)　　端(duān)　肥(féi)
　　拣(jiǎn)　量(liàng)　梦(mèng)　妻(qī)　　托(tuō)
　　揖(yī)　　饮(yǐn)　择(zé)　　招(zhāo)　征(zhēng)
　　止(zhǐ)　制(zhì)　醉(zuì)

三、并+(饣):饼　　　屯+(纟):纯
　　且+(米):粗　　　扁+(纟):编
　　分+(亻):份　　　荒+(忄):慌
　　昏+(女):婚　　　吉+(氵):洁
　　竟+(土):境　　　先+(辶):选
　　兆+(扌):挑　　　折+(口):哲

四、1.整洁　2.圆梦,圆梦　3.从容　4.不端　5.重量

第七课

"猜一猜"答案:"焚"的同义词是"烧"。

一、1.略　2.还,难　3.己　4.是　5.过

三、:唯 媚 醒 略 铁 猫 描 状 偷 降 限
　　二:恐 暑 繁 露 季

四、怕:恐怕 害怕　略:简略 忽略　还:归还 还债
　　求:求知 求生　及:及时 及早　急:紧急 急忙

五、精:精彩 精诚 精粹 精当 精干 精华 精美
　　气:气度 气功 气概 气节 气魄 气派 气势
　　神:神采 神明 神妙 神品 神气 神圣 神州

第八课

"猜一猜"答案:小心!

一、1.行　2.齐,移　3.常　4.种,当　5.略

二、替(tǐ)　　否(fǒu)　　强(qiáng)　　警(jǐng)　　察(chá)
　　妒(dù)　　忌(jì)　　距(jù)　　　　入(rù)　　　键(jiàn)
　　牌(pái)　 移(yí)　　私(sī)　　　　纵(zòng)

三、户+(女):　妒　　　　　敬+(言):　警
　　祭+(宀):　察　　　　　建+(钅):　键
　　虽+(弓):　强　　　　　卑+(片):　牌
　　多+(禾):　移　　　　　己+(心):　忌

四、1.才能　2.隐私　3.警惕　4.前思后想　5.齐名

第九课

一、1. 益，损 2. 岳 3. 圣，过 4. 略

二、终(zhōng) 饰(shì) 渐(jiàn) 属(shǔ) 骂(mà)
   缺(quē) 傻(shǎ) 荣(róng) 率(shuài) 堆(duī)
   虚(xū) 减(jiǎn) 鼻(bí) 誉(yù) 掩(yǎn)
   歪(wāi) 欣(xīn)

三、斤：欣 渐 芹 听 近
   令：铃 冷 邻 玲 零
   皿：益 盗 盖 盐 盆

四、石：石头 飞来石   奖：奖励 奖品   士：男士 绅士

第十课

"猜一猜"答案：东郭先生说他救了狼，而狼恩将仇报，要吃他。狼说它在口袋里很难受，东郭先生把它装在口袋里是为了闷死它，吃它的肉，睡它的皮。老人家说："这么小的一条口袋能装得下狼吗？你们说的我都不信，再试试给我看就知道了。"狼说："好！"于是又钻进口袋。恶有恶报，结果还用说吗？

一、1. 略 2. 水 3. 鬼 4. 庆 5. 散 6. 为 7. 相，医 8. 恩 9. 全

二、略

三、欠：饮 次
   木：林 森 休 某 本
   土：王 坏 肚 吐

四、1. 载歌载舞 2. 相生相克 3. 感恩，感恩 4. 覆水难收
   5. 宣扬 6. 友善

第十一课

一、1. 真，大 2. 达 3. 已 4. 尺，寸 5. 欲，施 6. 然，然 7. 略

二、日：晓 担 时 明 春
   口：加 欲 舍 知 咬
   目：自 眠 相 眼 看

三、脾 — pí
显 — xiǎn
执 — zhí
速 — sù
匹 — pǐ
寸 — cùn

款 — kuǎn
施 — shī
牵 — qiān
眠 — mián
烈 — liè
欲 — yù

四、咬：<u>咬人 又踢又咬</u>　　已：<u>已经 已知</u>　　取：<u>取舍 取得</u>
晓：<u>晓得 家喻户晓</u>　　势：<u>权势 势利</u>

五、龙王、龙宫、龙争虎斗、老态龙钟、龙门石窟、龙卷风、龙眼、龙舟、鱼跃龙门

第十二课

"猜一猜"答案：

1. 妈妈的爱是无限的。

2. 第三"余"是：<u>阴天是晴天之余</u>。

一、1. 略　2. 近，远　3. 遍，见　4. 畏

二、稀(xī)　讳(huì)　类(lèi)　保(bǎo)　臭(chòu)
　　具(jù)　割(gē)　虎(hǔ)　辉(huī)　郊(jiāo)
　　怜(lián)　临(lín)　密(mì)　线(xiàn)　熊(xióng)
　　奇(qí)　穷(qióng)　绕(rào)

三、1. 稀缺，有限　2. 伤天害理　3. 生畏　4. 有限，无限
　　5. 种类　　　6. 敬畏

第十三课

"猜一猜"答案：

1. 补碗

2. 寻物启事

一、1. 略　2. 更　3. 卷　4. 迟　5. 智　6. 失、得

二、证(zhèng)　混(hùn)　抄(chāo)　毕(bì)　卜(bǔ)
　　朴(pǔ)　造(zào)

三、木(柴)　少(抄、沙)　弗(费)　告(造)　安(按)　困(捆)
　　奉(捧)　直(置)　黾(绳)　总(聪)　畐(幅)　舟(盘)
　　片(折、版)　昆(混)

四、启：启发　启示　　　智：智慧　明智　　　缺：缺少　缺点
　　毕：毕业　毕恭毕敬　　列：列举　排列　　　具：文具　具体

五、rénwù / rènwù　　liánxì / liànxí　　nǎli / nàlǐ
　　niánjí / niánjì　　zhǔyi / zhùyì　　shíjiān / shíjiàn
　　dōngxī / dōngxi　　bēizi / bèizi　　cāochǎng / cǎochǎng
　　dǎsuan / dàsuàn　　dàjiā / dǎjià　　gēge / gègè
　　gùshi / gǔshì　　héshí / héshì　　jīqì / jíqí
　　jíhé / jǐhé　　jiàoshī / jiàoshì　　jiéguǒ / jièguò
　　jìnqu / jìnqǔ　　kěshì / kèshí

第十四课

"猜一猜"答案：日、月、山、水、鱼、龟(guī)、鸟、鹿(lù)、象、虎、人、女、目、口、木、门

一、1. 略　2. 美、结　3. 抱

二、1. 仰　亻　同
　　2. 途　辶　它
　　3. 源　氵　子
　　4. 铜　钅　印
　　5. 李　木　余
　　6. 弄　廾　原
　　7. 蛇　虫　王

三、途(tú)　网(wǎng)　源(yuán)　羡(xiàn)　疑(yí)
　　弄(nòng)　仰(yǎng)　泛(fàn)　佛(fó)　铜(tóng)
　　慕(mù)　蛇(shé)

四、1. 起步　2. 善始善终　3. 仰慕　4. 入乡随俗　5. 羡慕　6. 孔方兄

第十五课

"猜一猜"答案:泰国的唐人街。

一、1.略 2.义,浮 3.生,眠 4.鱼,友

二、1.致(zhì) 2.傍(bàng) 3.撕(sī) 4.尽(jìn) 5.糟(zāo)

三、支(翅)　　火(伙)　　皮(坡)　　示(际)　　乔(骄)
　　昔(惜)　　直(植)　　采(踩)　　扁(偏)　　胡(糊)
　　敖(傲)　　旁(膀)　　曹(糟)　　斯(撕)　　至(致)

四、暴:<u>暴风</u> <u>暴饮暴食</u>　　惜:<u>珍惜</u> <u>可惜</u>　　朝:<u>朝阳</u> <u>朝气</u>
　　成:<u>成功</u> <u>完成</u>　　浮:<u>漂浮</u> <u>浮华</u>　　任:<u>责任</u> <u>任性</u>